研究社ナビゲーター・シリーズ

〈新装版〉

英文読解のナビゲーター

東洋大学名誉教授
奥井　潔

KENKYUSHA

はじめに

　たとえば、文化、教養という日本語を皆さんが曖昧にではなく、正しく、適切に使用するためには、この2つの日本語の共通の語源である culture というヨーロッパ語の意味を知っておかねばなりません。文化も教養も culture の翻訳語にほかならないからです。理性という日本語は reason の翻訳、常識は common sense の翻訳です。およそ日本語で私たちが理性的にものを考えたり、論理的合理的に思考をおし進めてゆく場合に使わなければならない抽象的な用語の多くは、明治以降にヨーロッパ語のどれかから移されて新しく日本語の語彙に加えられた翻訳語なのです。観念は idea の、概念は恐らく conception の翻訳です。明治維新以降、私たち日本人は、西欧語を少なくともひとつ習得しなければ、自国語である日本語を、厳密に、正しく運用することもままならないという特殊な言語状況、歴史条件の中で今もなお生きているのであります。これは日本が、圧倒的な力で世界を支配してきた、そして今後も支配し続けるであろう欧米の文明を受容し、急速に西欧的な近代国家の体制を作り上げるためには、どうしても避けえない状況であり条件であったと言えましょう。そしてこの特殊な言語状況、歴史条件は、私たちにとっては、決して初めての経験ではなく、イギリスと同じように、大陸の偉大な文明の近くに位置する島国に生きてきた日本国民の光栄ある運命であると私は考えております。

　立派な話し言葉と、語り部によって伝承される民族神話(歴史)を持っていましたけれども、文字というものを知らなかった私たちの祖先は、当時東洋の世界を支配していた大陸文明、すなわち圧倒的な中国文明を積極的に受容し、この文明と切り離せぬ文字(漢字)というものを、仏教と儒教、すなわち宗教・学問と一緒に採択して、あの美しい大和の三輪山の西に、日本というひとつの古代国家の体制を作り上げました。やがて私たちの祖先は、日本語と同音の漢字をくずして簡略化し、平仮名、片仮名という文字を作り出し、この新しい文字で「いろは四十八文字」すなわち日本語のアルファベットを創出、これに漢字を随時挿入して独自な日本語を、文語を、同時に独自な日本文化を生み出しつつ、江戸時代三百年の熟成期を経て、明治維新を迎えることになったのです。そして明治以降、私たちは、祖先の人々が千年以上の歳月をかけてやり遂げた仕

事と同じ仕事を、海波を越えて押し寄せた西欧文明に対応して今も行い続けているのです。江戸時代における初等教育、あの寺子屋の必修教材のひとつは中国語、たとえば『論語』の素読であったように、明治以降、英語は中学・高校から大学に至るまでの必修教育課目のひとつになっている理由は、根本的には変わりない絶対的な必要に基づいているのだと私は考えております。西欧文明の精髄をなす理性的論理的な思考と表現を、日本人が日本語で行えるように、青少年を訓練することが、英語を学習する大切な目的のひとつであったのであり、今後もこの事情に変わりはないと私は信じております。

　少なくとも私にとっては、いわゆる「受験英語」なるものは存在しません。ただ英語というヨーロッパ語を教材として、日本人として、ものをより正確に、論理的に深く考え抜く力、またより深くものに感ずる感受性を身につけるように若い未形成の皆さんを訓練するとともに、私自身をもそのように訓練することが私の目指している目的です（英文法はこの目的のためには必要不可欠な道具です）。この読解によって、皆さんの思考力が少しでも深められることになれば、そしてこれが契機となって、英語を学ぶことは、すべての基本である日本語の力を深めることにほかならぬこと、さらに容易にわかることなど面白くはない、難問に取り組み、これを解（と）くことが、実は最高の知的快楽であることを、ほのかに知り始めることになればよいと、私は願っています。なぜならその時、皆さんはすでに学問と芸術の世界に足をふみ入れているからです。大学に入学できるくらいの語学力は、その結果としておのずから身についてくるでありましょう。

　まず英文を二度三度は音読して読んで下さい。すぐに解説や全訳を参考にしてはいけません。その英文の全体が、何を私たちに伝えようとしているのかを把捉（はそく）するために、皆さんの全思考力と感性を働かせて自分一人の力で考え抜いて下さい。もちろん辞書を引く労を嫌ってはいけません。辞書で引く未知の単語に複数の意味がある場合、この sentence の前後関係（コンテキスト）では、どの意味がいちばん妥当であるかを考えて選び出す過程で、皆さんの思考力が徐々に訓練されるのですから。孤独な自分の部屋の中で、この読み解こうとする努力をどれくらい行ったかによって、はじめて皆さんの本質的な思考力と表現力（つちか）は培われるのですから。そしてここはどうしてもよくわからぬという疑問点をいくつか発見してから解説を読み全訳を自分の訳文と比べてみて下さい。さらに、こうして理解した英文の全体を appreciate つまり深く味わい、時に行間に隠れている

意味にまで立ち入り、究極においてこの文の伝えている内容に対して、自分は
こう思うと判断するところまで進んでもらいたいと思います。行間を読むと申
しましたが、その文の一行一行の文構造すら摑めていなければ、それは論外の
ことになりましょう。

　本書は月刊誌『高校英語研究』(現在、休刊中)で1993年から２年間連載した
「思考力と感受性を磨く英文読解」が底本になっています。受験参考書など一度
も書いたこともなく、書く気もなかった老生に、ともかく筆を取らせたのは、こ
の月刊誌の有能な若い編集者、佐藤陽二氏の熱意のこもった説得でした。佐藤
陽二氏をはじめ校正に協力していただいた鈴木亜子さん、連載中にたくさんの
励ましのお手紙を下さった読者のみなさんにもお礼申し上げます。

　　　1997年　春

　　　　　　　　　　　　　　　　　　　　　　　　　　　　　奥井　潔

目　次
CONTENTS

vii

1　青年に対する忠告２つ ━━━

■ 1　読書の勧め ━━━━━━━━━━━━━━━━━

①First of all read for variety so that you will see what great possibilities await you in the world of books. ②Keep your curiosity alive ③and don't allow it to be dulled by the stupid people around you who don't seem to want to know anything about anything. ④Find things out for yourself instead of having a parent or a teacher tell you. ⑤Enjoy the satisfaction of learning, of feeling that you know something at last. ⑥Intensify your own experiences through fiction so that you can get out of yourself and discover that you are not just one person but a multitude. ⑦Feed your imagination.

❶この英文の各 sentence はすべて命令形の動詞で始まっています。
First of all「何よりも第一に」。read にかかる副詞句。

---
cf. **First of all**, I must tell you that your son is safe.
何よりもまず第一に、ご子息は御無事であるとあなたに申し上げなければなりません。

---

read for variety「いろいろな種類の本を乱読しなさい」。この **for** は希求・期待・方向などを示す前置詞(. . .を求めて[の方向を目指して])。

variety「多様性」を求めて、とは、ある種類の本、たとえば小説ばかりを読むというような、偏った読書ではなく、歴史書であれ、伝記であれ、哲学書、科学書であれ、好奇心のおもむくままに乱読することを勧めているのです。

so that you will see . . . in the world of books「書物の世界の中で、ど

んなにたくさんの可能性が、あなたを待っているかに、やがて気がつくことになるように[ために]」。read「読みなさい」という命令形の動詞にかかる目的を示す副詞節ですが、この sentence の文脈では、この so that 以下を、この sentence の語順通りに、前から後へと「...(読みなさい)、そうすれば、どんなにたくさんの可能性が、書物の世界の中で、あなたを待っているかがわかるでしょう」と読み下すほうがよいと思います。

---

cf. Finish this **so that** you can start another.

次を始められるように、これをやり終えて下さい。→これをやり終えて下さい、(そうすれば)次をやれますから。

「どんなに多くの可能性が書物の世界の中で、あなたを待っているかに、やがて気づく...」とは、たとえば少年時に、パスツールの伝記を読んで感動したことが、その少年が医学を志し、後に医者になる原因になったとすれば、その1冊の伝記書の中にその少年の可能性が、未来の姿が既に待ちうけていたということになりましょう。この **great** は many の意味であることにも注意。

❷ **Keep your curiosity alive** alive という形容詞が keep の目的語 your curiosity の状態を説明する働きをしている、目的語を補い説明する働きをしているもの、つまり目的格補語として機能している、これは第5文型(S＋V＋O＋C)の sentence です。「あなたの好奇心が常に生き生きと目覚めているようにしなさい」→「あなたの好奇心を常に眠らせてはいけません」。

❸ **and don't allow it to be dulled by . . . about anything.** allow の目的語の it は、前文の **your curiosity.** 代名詞が何の代名詞であるかを確認することは、文意を明確に把捉（はそく）するための必要条件のひとつです。

to be dulled by 以下は、この it の目的格補語として働いています。こちらも、to 不定詞句が補語になっている第5文型の sentence です。従って it を意味上の主語として直訳すると、「あなたの好奇心まで、...によって麻痺（まひ）させられるのをそのまま許してはいけない」→「あなたの好奇心まで、...によって眠りこまされてはなりません」。

the stupid people around you who don't seem . . . about anything 主格関係代名詞 who の先行詞は people。「あなたの周囲（まわり）にいるあの、何事についても何ひとつ知りたい様子には見えない愚かな人々」

❹ **Find things out . . . tell you.**

find out「発見する、(問題や謎を)解く、解決する」。**for yourself** for oneself「独力で、自分ひとりの力で」。**instead of**「...の代わりに、...ではなくて」。

> *cf.* He stayed at home all day **instead of** going out.
> 彼は外出しないで、終日在宅していた。

having a parent or a teacher tell you「父や母、あるいは先生に教えてもらうこと」。having は使役動詞の have の動名詞。have＝make.「...させる、...してもらう」。have が使役の make として機能する時は、目的語が人である場合には原形不定詞が補語として目的語に続く。これも第5文型。

> *cf.* I'll **have** him **come** early tomorrow morning.
> 明朝早く、彼に来てもらいましょう。

目的語が人間以外の物である場合は過去分詞が続く。

> *cf.* He **had** his salary **raised**.
> 彼は自分の給料を上げてもらった。

a parent が単数で parents と複数でないことにも注意。父、もしくは母のこと。

❺ **Enjoy the satisfaction of learning ... at last.** enjoy＝experience with joy.「味わい楽しみなさい」。

the satisfaction of learning「学ぶこと[習得すること]の喜び[満足感]」。次の **of feeling that ...** も of learning と同格の形容詞句で satisfaction にかかり、learning の内容をより具体的に説明しています。すなわち、「ついにあることがわかったぞ、と感ずること(の喜び)」。

you know＝you have known。現在形の know が現在完了の内容を内在させている一例。eureka[juəríkə]＝I have found it!(わかったぞ![ユーリカ!])有名なアルキメデスのこの叫び、古代ギリシャの天才のあの発見の喜びを伝えるエピソードなどが連想される sentence です。

❻ **Intensify your own experiences through fiction so that ... a multitude** 皆さんにいちばん考えてもらいたい部分です。まず「小説によって、

あなたご自身の経験を強化拡大して下さい」とはどういうことでしょうか。

　so that you can と続くこの so that 以下の節も、①の so that 節と同じ目的を示す副詞節（...できるように、...できるために）ですが、訳述の仕方は①の場合と同じように、intensify せよ、という命令の実行から生ずる結果のように処理するほうがこの文脈ではよいでしょう。すると so that 以下は、「そうすれば、あなたは自分自身（の限界）から脱出することができ、そして自分がただ一人の人間であるのではなく無数の人間であることに気づくことができるのです」となります。これもどういうことを言っているのでしょうか？

　get out of 〜「〜から出てゆく、〜から脱出する」。**a multitude** (*of persons*)「無数の人間」。**not ... but** 〜の関連（...ではなくて〜である）も見落とさぬこと。

　さて、「小説によって、あなたご自身の経験を強化拡大せよ」とは、これを so that 以下の内容と関連させつつ考えますと、この「あなた自身の経験」とは、あなたの、私たちの実際経験（actual experience）のことを言っていると思われます。実際経験とは、人間が、本当に、身をもって経験したことです。そして人間の、特に若い皆さんの実際経験の範囲は実に狭小なものです。しかし人間の経験は実際経験だけから出来ているのではない。actual experience のみならず、potential experience（可能経験）も人間経験の全体を構成する重要な要素です。可能経験とは、実際に経験したことではないが、観察により、直観により、既知の経験からの類推により、また読書から得た知見により、実際に経験したことに劣らぬほど、自分ではわかったぞと信じられる経験のことです。実際経験だけに経験という言葉の意味を限定するならば、青年が大人に及ばぬのは当然ですが、実際経験だけを拠り所にして、青年に「お前たちは世間を知らぬ」とか、「苦労が足りない」とか言う大人の経験など、その大人が可能経験によって、特に読書によって補強されていない場合は実に狭小なもので、その人生観は浅薄な偏見、せいぜいその時代の通念に過ぎないことが多いのです。読書の重要性のひとつは、ここにあるのです。私たちの可能経験を増大深化させてくれることにあるのです。だからこそ、この英文の筆者は、私たちの可能経験の源泉のひとつ「小説によってあなた自身の（実際）経験を強化し拡大して下さい」と言っているのです。小説や詩の世界は、私たちの可能経験となる材料の宝庫だからです。皆さんは夫婦生活に生ずる倦怠期の経験など実際経験としてはあるはずがない。では『アンナ・カレーニナ』を開きなさい。この大作の

4

冒頭の100頁が皆さんの乏しい観察経験を強化し拡大してくれましょう。皆さんに殺人と逃亡の経験もあるはずがない。それならドストエフスキイの『罪と罰』の主人公、ラスコルニコフという青年と付き合ってみることです。一流の小説家は、時に実際経験以上の迫真力をもって、人間の多様多種な経験を表現し伝達する力を持っているからです。

　こうして皆さんの実際経験が、小説を読むことによって得た可能経験と融合して強化され拡大された結果は、「あなた自身(の狭い限界)から脱出して」より深くより豊饒な経験を持つ人間へと成長することができ、さらに自分がある特定の名前を持つ一人の人間ではなく、自分の中には無数の人間が、理想家（イデアリスト）が、好色極まりない人間が、殺人者が、守銭奴が棲んでいること、自分が、それこそシェイクスピアのように a million minded man (無数の性格を内蔵している人間)であることに気付くこともできると言っているのです。小説に登場する多種多様な性格(characters)を理解し、これと共感できるということは、自分の内部にそういう性格の人間になる可能性が存在しているということに外ならないからです。そしてかかる結果が生ずるためにも、

❼ **Feed your imagination**「あなたの想像力を養い育てて下さい」と結んでいるのです。imagination には実に深浅様々な意味がありますけれども、この context (文脈)では、恐らく対象と共感しこれと合体する能力と解してよいでしょう。つまり相手の身になって感じ、考える力と言ってもよい。たとえば、どんなに秀れた小説であっても、皆さんにその登場人物と一体化して喜怒哀楽をともにする力、ともに考え、ともに笑い、ともに泣く力、imagination がなければ、面白く読めること、いや最後まで読み通すことさえできないからです。さて、この短い文章は、若い人たちに対しなぜに読書が必要なのかをも教えてくれる文章でした。

［全訳1］

　何よりもまず第一に、いろいろな種類の本を乱読して下さい、そうすれば書物の世界の中で、どんなに多くの可能性が、あなたを待っているかがわかるでしょう。あなたの好奇心を眠りこませてはなりません、そしてあなたの身のまわりにいるあの、何事についても、何ひとつ知りたい様子には見えない愚かな人々によって、あなたの好奇心まで麻痺させられてはなりませぬ。父

や母、あるいは先生に教えてもらうことはしないで、もの事は自分一人の力で発見し解決しなさい。学ぶことのあの喜びを、ついにある事がわかったぞ、と感ずるあの喜びを嚙みしめ味わって下さい。小説によって、あなたご自身の実際経験を強化し拡大して下さい、そうすれば、あなたは自分自身の限界を脱することができ、自分がたった一人の人間ではなく、実は無数の人間であることに開眼することができるのです。あなたの想像力を養い育てて下さい。

■ 2 自分の面倒は自分でみる ━━━━━

① The first great lesson a young man should learn is that he knows nothing, and that he is of but very little value. ② The next thing for him to learn is that the world cares nothing for him, and that no man ever truly admires and esteems him,— that, in short, he must take care of himself. ③ He will not be noticed until he becomes noticeable, and he will not become noticeable until he does something to prove that he has a value in society. ④ And the earlier and more thoroughly this lesson is learned, the better it will be for his peace of mind and success in life.

❶ **The first great lesson**「第一の大切な教訓」、この sentence の主語。**great** は、この場合は、「大切な、重要な(＝important)」の意。great にもいろいろな意味があり、辞書を引く時、ある単語の持ついろいろな意味の中から、この文脈では、この意味が適切である、と拾い出す力が皆さんの思考力です。辞書を引くことによって、知らず知らずのうちに思考力が訓練されるのです。

a young man should learn はその前の lesson との間に目的格関係代名詞 that が省略されている形容詞節であって先行詞 lesson を修飾しています。

is が述語動詞で、接続詞 that で始まる 2 つの名詞節が主格補語として続い

6

ている S＋V＋C、第２文型の sentence です。

　that he knows nothing「自分は何も知らない［無知なる］人間であること」。この認識を持て、ということは、これを裏返せば、旺盛な好奇心を知識欲を持て、という含意になりましょう。知りたいという意欲のないところに、己れの無知の自覚が生まれることはないからです。これに続く次の that 節、**that he is of but very little value**「自分は全く、零と言ってよいほど価値のない人間であること」の **of but very little value** は形容詞句で、is に対する主格補語として働いています。*of value*＝valuable、*of importance*＝important のように、of＋抽象名詞＝形容詞の形ですが、この value に否定用法の形容詞 little が付き of little value になると「ほとんど価値のない」という形容詞句、本文ではこの little に very という副詞、さらに but（＝only）という副詞まで付いて、little の否定の働きが二重に強められて「全く、零に等しいほど無価値な」の意で、of no value に近接しています。

---

　cf. I have **but little** money.
　　私は全くと言ってよいほどお金は持っていない。

　文脈から察すると、「自分は全く無価値な存在である」と認識せよ、というこの忠告に、筆者は、青年にやがては社会的に価値ある存在にならねばならぬ、という意欲を持てという意味を内在させていると考えられます。無限と言ってよい豊かな未来の可能性だけは持っているものの、またそれなるがゆえに現在の皆さんは、<u>社会的には</u>無価値と言ってよい存在です。まだ未成年で選挙権すらなく、直接的には社会のいかなる生産にも、またその生産物のいかなる管理集散にも関与していず、もっぱら消費しているばかりで、一家の居候、両親に寄生している、つまり社会的には、無価値と言ってよい存在であることをまず第一に認識せよ、とこの筆者は言っているのです。そして自分は無知の人間であり、また無価値に等しい存在であるという自覚を持てとは、すなわち若者は烈しい知識欲を持ち、やがては社会的に価値を持つ存在であることを目指せ、と説いていることにほかなりません。

　❷ **The next thing for him to learn**「次に青年が学び知るべきことは」は、この sentence の主部。

　for him to learn の for は、その目的語の **him** が to learn の意味上の主語であることを指示する働きをしている前置詞。従って、「**彼が学ぶべき次のこ**

とは」と処理すれば、for の役目は終わるのです。そして to learn は主語の The next thing にかかる形容詞句。

that the world cares nothing for him「世間の大人たちは、青年などは全く愛しては[心にかけては]いないこと」。この that 以下の節も、and と続く次の that 以下の節も、主格補語として働いている名詞節であることは①の文構造と全く同じで、第2文型、S＋V＋C です。

the world は集合名詞で「世間の人々、世の中の大人たち」。単数扱いであることに、**cares** という動詞に s が付いていることと一緒に注意すること。**care for**＝like、be fond of「心にかける、心配する→好む、愛する」。care と for との間に入っている **nothing** は、この文脈では副詞として働いており「全く...しない」。

> *cf.* Money help us **nothing** in such a case.
> 　（そういう場合には、お金は全く私たちの助けにはならない。

that no man ever truely admires or esteems him.「誰一人として彼[青年]を本心から偉いと讃えたり、尊敬してくれる大人はいないということ」。この ever は no man の no の否定をさらに強めるように働く副詞。no、not、nothing＋ever＝never。

> *cf.* **Nothing** particular **ever** happens in this village.
> 　こんな村では、変わったことなど決して起りはしません。

admires「讃美する、偉いと感心する」。— **that, in short, he must take care of himself**「つまり、一言でいうならば、青年は自分の面倒は自分でみなければならぬということである」。**in short**「手短かに言うと、要するに」。**take care of**「面倒をみる、世話をする」。

> *cf.* He is too young to **take care of** himself.
> 　彼は未だ幼なすぎて、自分で自分の面倒をみることはできない。

この②の内容についてはちょっと考えてもらいたいと思います。皆さんが本当にはわからないでいる、気づかないでいる事実の指摘であるからです。未来は君たちのものだ、と口先では何と言っていようと、世間の大人は実に冷酷無

情なものであり、青年のことなど実は全く愛しても尊敬してもいないし、死の
うが生きようが全く心にかけることもないという事実の指摘ですが、そんなこ
とは当然と、たとえ頭ではわかっている心算でも、実は本当は、体ではわかっ
ていないのが青年なのです。それは皆さんがこれまで両親という実に奇妙な
人々に育てられ、保護されて生きてきたからです。一体どこが奇妙なのか？　皆
さんが、可愛くて、大切でたまらぬということが、皆さんの幸、不幸をわが事
のように心にかけていることが奇妙なのです。こんな不思議な人々、人生でま
ず２度とは会えない奇妙な例外者に育てられてきたために、それに学校生活と
いうものには、家庭生活の延長である寛大で甘い要素が少なくないがゆえに、青
年は、ともすれば両親や教師たちの延長線上において、世間の大人たちを世の
中を考える傾向を、困ったことが生じても誰かがなんとかしてくれるという甘
えの姿勢を持ち続けていることが多いからです。この英文の筆者は、青年に向
かって、世間の大人はまず冷酷無情なもの、これに対していかなる甘えも持っ
てはならぬ、そして恃(たの)むことができるのは、究極においては自分一人のみと覚
悟せよ、自分の言行に責任を取ることができて、はじめて一人前の大人なのだ
と言っているのです。だからこそ「一言でいうなら、青年は自分の面倒は自分
でみなければならぬ」と言い切っているのです。

　❸ **He will not be noticed until he becomes noticeable.**　not...until
～主節が否定文で until 以下の副詞節を従えている場合は、「～するまでは...
しない」→「～してはじめて...する」と処理したほうがよい場合が生じます。
それで「彼は(青年は)人目に立つ人間になるまでは、人に注目されはしないで
しょう」→「青年は人目に立つほどの存在となってはじめて、人に注目される
ことになるのであります」と処理します。

　He will not...until he...in society　これも前文と同じ文構造です。
「青年は、社会の中で、ある価値を持つ存在であることを立証する何らかの仕事
を成しとげてはじめて、人目に立つ存在となるでありましょう」。

　to prove は、something にかかる形容詞句。②では「自分の面倒は自分で
みなければならぬ、恃(たの)むことができるのは、自分自身のみと覚悟(かくご)せよ」と教え、
ついで「あとは世間の、社会の中にあって、自分の存在価値を立証する何らか
の実績だけで勝負して生きよ」と言っているのがこの③の内容です。世間の注
目を受け賞賛されたいと願うならば(これは虚栄心とは関わりのない人間の能
力や才能と本質的に結びついている健全な願望でありますが)、人々に注目され

るだけの人間になってみよ、そしてそのためには、何であれ社会におけるおのれの存在価値を証明する実績で勝負するよりほかはないのだと言っているのです。

❹ **And the earlier and ..., the better it will be ... in life**「この教訓を身に付けるのが早ければ早いほど、より徹底していればいるほど、青年の心の平和のために、人生で成功を収めるために、いよいよ良い結果となるであろう」。文頭に the＋比較級の形容詞もしくは副詞があって、続く sentence の文頭にも the＋比較級が置かれると、一種の係り結びが生じて前後の文章が連結されて「... すればするほど、いよいよ～する」となります。

---

cf. **The more** one has, **the more** one wants.
　　人間は、沢山持てば持つほど、いよいよ沢山欲しくなるものだ。

ただし、この❹では、前文には **the earlier** と **the more thoroughly** と、the＋比較級が2つ置かれており、いずれも副詞の比較級で、本動詞の is learned を修飾しており、後文の方は the better 1つで、これは形容詞の比較級、it will be に接続し主格補語として機能しています。さて、この英文は、青年が一人前の立派な大人として自立するとは、どういうことであるかを説いています。

大人になって、さて、こんな男に、こんな女に何がしたのかと自問する時、それは私だ、いろいろと有形無形の助けを受けているにしても、究極においては、私自身だ、と言い切れる人が立派な大人なのであり、人間の倫理、道徳の土台も、この自己に対する責務感を抜きにしては存在し得ないかもしれません。

［全訳2］

　青年がまず第一に学ばなければならない大切な教訓は、自分が何も知らない無知な人間であること、そして自分が全く零に等しい無価値な存在であるということである。次に青年が学ぶべきことは、世間の人々は、青年のことなど少しも心にかけ愛してなどいないこと、誰一人として、本心から青年のことを偉いと思ったり、尊敬している大人はいないということ、つまり一言でいうなら、青年は自分の面倒は、自分でみなければならぬということである。青年は人目に立つだけの人間になってはじめて人に注目される存在とな

るのであり、さらに社会の中で、ひとつの価値を持つ存在であることを証明
する何らかの業績を成しとげてはじめて、人目に立つ存在ともなるのである。
そしてこの教訓を身につけることが、早ければ早いほど、より徹底していれ
ばいるほど、それは青年の心の平和のために、世の中で成功を収めるために、
いよいよ良い結果となるであろう。

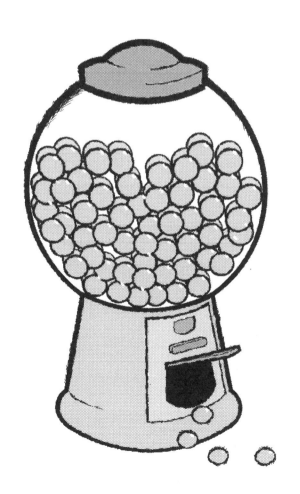

2 少年時代の思い出

少年時代を回想している英文を3つ読むことにします。まず比較的やさしい英文から。

■ 1 貧もまたよきかな

① If our family was poor, of what did our poverty consist? ② If our clothes were torn the torn places only let in the sun and wind. In the winter we had no overcoat, but that only meant we ran rather than loitered. ③ Those who are to follow the arts should have a training in what is called poverty. ④ Given a comfortable middle-class start in life, the artist is almost sure to end up by becoming a bellyacher, constantly complaining because the public does not rush forward at once to proclaim him.

❶ **If our family was poor**「私たちの一家が貧乏であったとしても」。譲歩の副詞節。If 節を見ても、すぐ「もしも」と考えてはいけません。if=even if[though]の意の場合が、「もしも」に劣らず多いし、また whether「...かどうか...」のこともありましょう。常に前後関係を考えることが大切です。

of what did our poverty consist?の文頭の of は末尾の consist と連結しています。consist of what なのですが、what が疑問代名詞ですから of もこれに引かれて文頭に出ています。

consist of=be composed of ～「～から構成されている[成り立っている]」。

> cf. The committee **consists of** eight members.
>   その委員会は8人から成る。

12

ついでに consist in は「～にある、～に存する」。

> *cf.* Happiness **consists in** contentment.
>
> 　幸福は満足することにある。

「私たちの貧乏は、何から［どういう要素から］成り立っていたのか？」。

　自分の一家が貧しかったことを一応認めながら、その貧乏を構成していた具体的な事実を一つひとつ点検するのが②の部分です。すると、その「貧しさ」は消え去り、何と楽しく豊かな生活であったか、とこの作家は言うのです。

　❷ **If our clothes were torn** の if も＝even if［though］。**torn** は他動詞 tear（裂く、破る）の過去分詞。「なるほど私たちの着物は破れ裂けてはいたけれども」。これは、私たちの貧乏を構成している要素のひとつです。

　the torn places「その破れている個所、着物に空いた穴や裂け目」。

　let in＝admit「入れる、通す」。「その破れている穴や裂け目は、ただ日の光を入れ風を通してくれるに過ぎなかった」。穴や裂け目のおかげで、別に裸にならずとも、日光浴ができ、また風、爽やかに身体の中を吹き過ぎていくではないか、これもまた楽しからずや、と言っているのです。

　In the winter . . . no overcoat「冬になっても、私たちにはオーバーなどなかった」。これも貧乏を構成する要素の具体例です。しかし、と受けて次の that は、外套（オーバー）がないことを指します。

　meant と **we** の間に接続詞 that を挿入すること。**loiter**「ぐずぐずする、道草などをする」ことです。「私たちは、ぐずぐず道草をするよりも、むしろ走るということになるに過ぎなかった」。

　外套のない少年は道草など食ってはおれません。寒風の中を、みぞれの中を突っ走る。体はポカポカ暖かくなり、脚力がつき、肺活量は増大するではないか、と言っているようです。これが前向きの姿勢というもので、こんな人には貧乏など存在しなくなりますね。

　❸ **those**「who 以下の人々」。**are to** この be＋to は予定をあらわしています。「. . . することになる」。

> *cf.* I **am to** meet her at five.
>
> 　5時に、彼女に会うことになっている。

follow the arts「芸術の道に従う[たずさわる]、芸術家になる」。should は
義務・当然の意。a training in what is called poverty. は、直訳すると
「貧乏と呼ばれているものの訓練」ですが、what is called はほとんど成句と
なって「いわゆる」。

③は Those(S) . . . should have(V) a training(O) . . . となる S＋V＋O
の第3文型です。

「将来芸術の道にたずさわらんとする人々は、すべからくいわゆる貧乏の洗礼
[訓練]を受けるべきである」。

❹ Given a comfortable middle-class start in life 文頭の過去分詞を見
たら、受身の分詞構文の being の省略された形ではないかと考えてみること。
この部分を副詞節に書き直すと、主語は主節の the artist で、動詞は主節の is
sure to の時制に合わせて、If he(＝the artist) is given a comfortable
. . . となります。「もし芸術家が安楽な中産階級の出発点を人生で与えられる
ならば」→「もし芸術家が人生の初めから安楽な中産階級の生活に恵まれて育
つと」となります。

be sure to . . .「きっと[必ず]. . . する」。

> cf. He **is sure to** succeed.
> 彼は必ず成功します。

end up「最後には. . . になる、ついには. . . に至る」。a bellyacher ←
bellyache(《米俗》しきりに不平を言う)。これから筆者がアメリカの作家であ
ることがわかります。constantly complaining は a bellyacher にかかる形
容詞。rush forward「どっと押し寄せる[押しかける]」。to proclaim him
目的を示す副詞句。「彼をほめたたえるために」。proclaim＝extol or praise
publicly「公然とほめそやす」。

> cf. Let's **proclaim** the Lord.
> 主をほめたたえよう。

これは少年時代の回想と、そこから得た教訓を語る、行間にユーモアの漂う
文章でした。筆者は恐らく Sherwood Anderson ではないかと思います。

［全訳1］

　私たちの一家が貧乏であったとして、では私たちの貧乏は、どういう要素から成り立っていたのであろうか。なるほど私たちの着物は破れ裂けてはいたけれども、その破れている場所は、ただ日の光を入れ、風を通してくれるだけであった。冬になっても、私たちにはオーバーもなかった、しかしオーバーがないということは、私たちが道草を食うよりは、むしろ走るということになるだけのことであった。将来、芸術家たらんとする人々は、すべからくいわゆる貧乏の洗礼を受けるべきである。人生の初めから、安楽な中産階級の生活に恵まれて育つと、芸術家は、ほぼ間違いなく不平屋になるのが末路である。大衆がすぐ向こうから押し寄せて、彼をほめたたえてくれないからと言って、たえず愚痴をこぼす不平屋に。

■ 2　母の思い出 ━━━━━━━━━━

　① In the memories which I retain of my early childhood my father appears clearly as the central figure around whom our family life revolved, whereas my mother's image is far less distinct.　② In fact the clearest recollection I have of her from that period, is of a quiet person who moved around slowly in the kitchen as she prepared our meals, ③ and who was always present in time of crisis—such as waiting on my father during his periodical attacks of gout and tending my frequent cuts and bruises with calm efficiency.　④ Complete calmness and apparent lack of emotion under any circumstances, in spite of almost constant physical discomfort, remained with her throughout her life.　This resolute placidity was almost frightening at times.

● **In the memories which I retain of my early childhood** は

appears にかかる副詞句。which は目的格の関係代名詞。「私が保持している［私が忘れないでいる］、ごく幼い子供の頃の思い出の中では」。of 以下は形容詞節 which I retain と同様に memories にかかる形容詞句に取ってもよいし、「...について」と retain にかかる副詞句に取ることもできましょう。

my father(S) **appears**(V) **clearly**「父ははっきりと［くっきりと］現れてくる」。S＋V の第 1 文型。

as the central figure は appears にかかる副詞句。「中心人物として、一家の大黒柱として」。**around whom** の先行詞は figure、「その大黒柱のまわりを、その大黒柱を中心にして」。**whereas**「これに反して」と前文を受ける接続詞。

far は less を強める副詞で **less** が比較級の副詞であることに注意して (than my father's image) を補足して考える。「母のほうの姿［面影］は父（の姿）にくらべると、はるかに定かではない［はっきりしていない］」。

❷ **In fact** は副詞句で is にかかり、「実際［事実］(...です)」。

the clearest recollection (which) **I have of her** の場合のように目的格の関係代名詞は常に省略することができます。

of her は、①の of 以下と同じで形容詞句にも副詞句にも取ることができます。「私に残っている一番はっきりした母の思い出は」、もしくは、「母のことで、私が持っている一番はっきりした思い出は」。

from that period「あの時代からの」。recollection にかかる形容詞句。

of a quiet person は不完全自動詞 is に続く主格補語として働いている形容詞句で、前に the recollection を付して is the recollection of a quiet person と考えればよろしい。「もの静かな人の思い出です」。

as she prepared our meals「私たちの 3 度の食事の支度をしながら」。**as**＝ while「...しながら」。

❸ 主格関係代名詞 **who** の先行詞は、②の who moved の who と同じ a quiet person.

in time of crisis「危機の時には」→「いざという時には」。**was always present**「常に必ずいてくれる」。

such as には 2 つの現在分詞 waiting on と tending が続いていて「...に付き添っている...また...の手当をしているといったような」が直訳であって、**was always present in time of crisis**（いざという時に必ずいてくれ

16

る)場合の実例を上げているのですが、この such　as は for　instance、for example(たとえば)などの副詞句に近く、waiting on と tending は present と同格の現在分詞として who　was　always の was と連結させてもよいでしょう。

---

cf. Children **such as** these make people cheerful.
　子供たち、<u>たとえば</u>こういう子供たちは、人々の心を明るくしてくれます。

---

wait　on「給仕する、付き添って世話をする」。この意味から waiter, waitress という名詞が派生。

his　periodical　attacks　of　gout「定期的に彼を襲う痛風の発作」。**my frequent　cuts　and　bruises**「私がしょっ中こさえてくる切り傷や打ち身」。**with calm efficiency**「平静な能率性をもって」→「平静に、しかもてきぱきと」。

❹ **Complete calmness and apparent lack of emotion**「完全な平静さと外見上の感情の欠如」が直訳ですが、calmness と lack of emotion は筆者の心に浮ぶ母の面影を描出しているので、2つの名詞で1つの内容を成しています。「母さんには一見感情というものがないのではないかと思われるほどの完全な平静さ」。以上がこの sentence の主部です。述語動詞は **remained.**

under any circumstances「どんな状況の下にあっても」。**in spite of 〜**前置詞句、「〜にもかかわらず」。**almost constant physical discomfort**「ほとんど絶え間のない身体(からだ)の不快[不調]」。**remain with** . . .「. . .とともにある、. . .のものである」。**This resolute placidity**「この毅然とした平静さ」。**was almost frightening at times**「時には、ほとんど(見ていて)怖くなるほどのものでした」。

父のかげでひっそりと生きながら、家庭内の真の大黒柱として一家を支えていた無口な母の姿、こういう現代社会からは姿を消そうとしている女性の姿が、生き生きと回想されています。これは戦前の日本のどこの町にも、どこの村でも必ずと言ってよいほど見られた母の姿でした。父の姿ほどはっきりと思い出せないと述べてはいますが、これは「母恋いし」の文章でした。

［全訳 2 ］

　私の記憶に残っている私のごく幼い少年時代の思い出の中に、くっきりと現れる父は、一家の大黒柱としての姿です。そしてこの柱を中心にして私たち一家の生活は回転していたのですが、これに反して、母のほうの姿は、（父にくらべると）はるかに定かではないのです。事実、あの時代の中から私に思い出される母の一番はっきりしている姿は、台所で、私たちの3度の食事の支度をしながら、ゆっくりと歩き回っているもの静かな人の姿、それから、いざという時にはいつも必ずいてくれる人——たとえば、定期的に父を襲う痛風の発作の間中、父に付き添っている、それから私がしょっ中こさえてくる切り傷や打ち身の手当を、静かに、しかしてきぱきとしてくれている。そういう人の姿です。ほとんどたえ間のない身体（からだ）の不快に苦しんでいたにもかかわらず、どんな状況にあっても、母には感情というものがないのではないかと思われるほどの完全な平静さは、生涯を通じて、母の身について離れないものでした。この毅然とした静けさは、時々、何だか見ていて怖くなるほどでありました。

■ 3　父の思い出

　① I recollect the indignation of my father at my using the common expression that something was true in theory but required correction in practice; ② and how, after making me vainly strive to define the word theory, he explained its meaning, and showed the fallacy of the vulgar form of speech which I had used; ③ leaving me fully persuaded that in being unable to give a correct definition of theory, and in speaking of it as something which might be at variance with practice, I had shown unparalleled ignorance. ④ In this he seems, and perhaps was, very unreasonable; but I think, only in being angry at my failure. ⑤ A pupil from whom nothing is ever demanded which he cannot do, never does all he can.

❶ **recollect**「思い出す」。この他動詞の目的語は **the indignation** と **how** 以下の節と2つで、how 以下は、はるかに③の末尾の **unparalleled igno-rance** にまで及んでいます。S＋V＋O の第3文型の sentence ですが、こういうのを「息の長い文章」と呼びましょうか。そして文構造も複雑で難解な文章です。

at my using the common expression「私があの月並みな［よく使われる］表現を用いた時に」。my は動名詞の意味上の主語として働き、using は「用いたこと」、いわゆる過去の動名詞です。

> *cf.* I remember her **saying** that she was very happy.
> 　彼女が自分はとても幸せだと言ったことを私は覚えている。

the common expression「月並みな［陳腐な］表現［論法］」。

that . . . in practice の that は同格的名詞節を導く接続詞で「〜という」に当たります。**something** が主語ですが訳述の時は最後に「. . . のものもある」と処理しましょう。

> *cf.* **Some** say this, and **others** [some] say that.
> 　こういう人もいれば、ああいう人もいる。

but は **was true** と **required** とを繋いでいる接続詞で、2つの動詞の主語は something。「理論的には正しいが、しかし実際［現実］には修正を必要とするものもある」。この論法の変形が「理論と現実とは必ずしも一致しない」など。たしかによく耳にする論法(common expression)ですね。

❷ **how** に始まる節が名詞節を作り、①の **I recollect** の目的語となっています。この節の主語は he、述語動詞は **explained** と **showed** の2つで、いずれも S＋V＋O の第3文型。

how の次に **after making** . . . 以下の副詞句が入りこんでいます。この副詞句の making も過去の動名詞で **after making**(S) **me**(O) **vainly strive**(C) **to define the word theory.**「私に理論というその言葉の意味を定義してみよと、甲斐ない努力をさんざんやらせた後で」。**strive to**＝*try* hard *to*.

vainly はその努力が空しかった、甲斐がなかったという結果を示しています。

　the fallacy of the vulgar form of speech which I had used「私の用いた陳腐な論法[俗説]が誤りであること」。

　how 以下を直訳すると「いかに ... が ... したかということ」になりますが、この how はもう接続詞の that に近接しています。how 以下の一部始終、ぐらいで処理しましょう。

　❸ **leaving** は、継続的に、結果的に処理すべき分詞構文を作る現在分詞。

　and で前節と接続させ、主語は前節と同じ he、前節の動詞 explained、showed と時制を合わせて and left と書き直してよろしい。すると **and (he (S)) left (V) me (O) fully persuaded (C) that** ... となります。S＋V＋O＋C の第 5 文型です。persuaded という過去分詞は、目的語の me の状態を説明していて、me と persuaded の関係は I am fully persuaded となります。be persuaded＝be convinced「信ずる、確信する」。そして目的格補語を伴う場合、leave は「... を〈ある結果に〉ならせる、... を〈ある状態に〉する」。

---

cf. The news **left** me vaguely uneasy.
　そのニュースを聞いて私は莫とした不安を覚えた。

　すると **leaving** 以下は「私が that 以下のことを完全に信ずる状態にしてくれた」→「私に完膚なきまでに思い知らせてくれた」となります。

　in being unable to give a correct definition of theory give a definition＝define「定義する」。「理論という言葉を正確に定義することもできなかったくせに」。

　and は「そして」ではなく、「それなのに」です。

---

cf. So rich, **and** he lives like a beggar.
　あんなに金持ちなのに、彼は乞食のような暮しをしている。

---

　and も前後関係で「だから、それゆえに」と受ける場合もあり、この場合のように「それなのに」と受けることもあるのです。

　in speaking (S) of it (O) as something (C) which ... with practice it は theory。

　at variance with 〜「〜と一致しない[矛盾する]」。

　この **speaking** も過去の動名詞です。「理論というものは、実際と一致しないこともありうるものと言った点で」。

　that . . . I had shown unparalleled ignorance.「私が類いまれな無知のほどをさらけ出してしまったこと」。

　恐らくこのお父さんは、theory（理論）とは、ある仮説が様々な実験によって実証された時に、はじめてこれを理論と言うのだ、従って理論が現実［実際］と一致しないということは、厳密にはありえないと教えたのではないでしょうか。

❹ **in this** 副詞句。「この出来事において、この時の父は」。

　very unreasonable「理性を欠いている」→「理不尽な、常軌を逸している」は **seems** と perhaps　**was** と２つの動詞に続く共通の主格補語で、第２文型 S＋V＋C を作っています。

　only in being angry at my failure この副詞句の前に省略された前文の He seems, and perhaps was very unreasonable を置いて考えます。「（父は常軌を逸していたと見え、また恐らく常軌を逸していたのは、）ただ、私の誤りに対して、あれほど腹を立てたという一点だけである」と **I think**「私は考えている」。

　そしてこの英文の筆者は、あの時、theory という言葉を定義してみろと迫られて必死に考えこんだ時の自分とその時の父の顔を懐かしく回想して、次の感想を付してこの一文を結んでいます。

❺ **A pupil** が主語、**never does** が述語動詞、**all**（that）**he can**（do）の **all** が目的語で S＋V＋O の第３文型。**from whom** 以下は pupil にかかる形容詞節。from whom 以下の主語は、不定代名詞の nothing で、nothing is ever demanded **from him**（その子から何ひとつ要求されることがない）。そういう子は、と a pupil にかかっていく形容詞節。

　次の **which he cannot do** の which の先行詞は **nothing** です。「子供にはとてもできない［難しい］ことを何ひとつ要求されることのない子供は」。ここまでが主部です。

　never does all（that）**he can**（do）「子供がやることができるすべてをやることは決してない」→「決して全力を尽くして努力することはない」。

　自分にはとても手に負えない難問にぶつかって、はじめて子供というものは全能力を上げて努力するものだ、父に、常軌を逸しているとも言える難問を押しつけられて困惑した少年時代の経験を懐かしく回想して、この父の教育法を

ほとんど全面的に肯定し、感謝を込めています。この教育法は子供にだけ当てはまることでしょうか。さて、これは「父、懐かし」の文章でした。

［全訳3］

　私は思い出すのです、私が、理論的には正しくても、実行となると修正を要することもあるというあのよく耳にする論法を用いた時に、父がひどく怒り出したことを、そして、では、その理論という言葉を定義してみよと、私に甲斐ない努力をさんざんさせた後で、父がその理論という言葉の意味を説明してくれ、そして私の用いた俗説の誤りであるゆえんを教えてくれ、さらに、理論という言葉を正確に定義することもできなかったくせに、理論が実際と一致しないこともありえるものと言った点で、私が類いまれなる無知のほどをさらけ出したのだということを完膚なきまでに思い知らせてくれた一部始終を。この時の父は、ひどく常軌を逸していたように思えますし、また恐らくひどく常軌を逸していたのでありましょう。しかし、父の常軌を逸していたのは、ただ私の犯した失敗に腹を立てたという一点だけであると私は思っております。子供というものは、自分にはとてもできないことをやってみよと要求されないならば、決して全力を尽くして努力することはないものだからです。

22

3 友情について

　まだ社会人として自立してはいない、そして未形成の青春期において、友情というものは特別な意味を持っております。友情は青春期の若者を支えてくれる最も重要なもののひとつであるからです。それでは友情論を読んでみましょう。

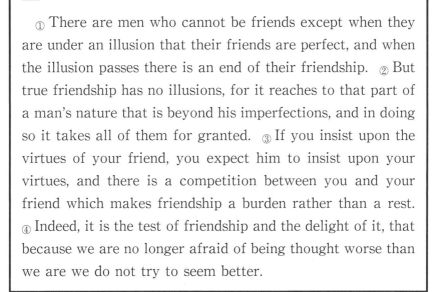

　① There are men who cannot be friends except when they are under an illusion that their friends are perfect, and when the illusion passes there is an end of their friendship. ② But true friendship has no illusions, for it reaches to that part of a man's nature that is beyond his imperfections, and in doing so it takes all of them for granted. ③ If you insist upon the virtues of your friend, you expect him to insist upon your virtues, and there is a competition between you and your friend which makes friendship a burden rather than a rest. ④ Indeed, it is the test of friendship and the delight of it, that because we are no longer afraid of being thought worse than we are we do not try to seem better.

❶ **be friends**「友だちになる→親しくなる」。しばしば with が続いて「...と親しくなる」、ここでは with anyone ぐらいを補って訳出しましょう。

except when ... 前置詞 except の目的語が when 以下の節になっています。「...の時[場合]を除いては」。

are under an illusion that ... の that は、**an illusion**「幻想、錯覚、思い違い」の内容を説明している同格的名詞節を導く接続詞で、「...という」に当たります。「...という錯覚[幻想]の支配下にある」→「...と錯覚している

［思い違いをしている］」。

> *cf.* A fear **that** the worst had happened overcame him.
> 最悪の事態が起こってしまったという恐怖感が、彼を打ちのめしてしまった。

their friends are perfect「自分の友だちは完璧な人［申し分のない立派な人］である」と、まるで讃美歌でも歌うように、親しくなりたての友だちをほめちぎるのですが、**when the illusion passes**「その錯覚が消え去る時」。

there is an end of their friendship「彼らの友情は終わりとなるのである」。あんな人とは思わなんだ、と掌を返したように、昨日の友を悪しざまに言う、こういう例は珍しくないですね。

❷ **But true friendship has no illusions**「しかし真の友情には、なんの錯覚［幻想］もないのである」。

for it reaches to that part of a man's nature that is beyond his imperfections の for は接続詞、「というのは、なぜならば」。

it は true friendship を受け、that part の that は、指示形容詞で、後出の主格関係代名詞 that（＝which）の先行詞は part であって a man's nature ではないことを指示するはたらきをしています。it（真の友情）は that is beyond his imperfections「人間の欠点短所を超越する、つまりそんなものがもう問題にはならなくなる」、that part（そういう部分）にまで reaches（到達している）からだ、a man's nature（人間の本質、人間性）には that part（そういう部分）があり、そこにまで達しているからだ、と言うのです。

and in doing so it takes all of them for granted の in doing so＝in reaching to that part . . .「そこまで到達することにおいて［によって］」。

次の it も true friendship。

all of them の them は his imperfections を受けています。代名詞が何の代名詞であるかを確認することは文意を正確に把捉する必要条件のひとつであることを忘れないこと。

take O for granted「〈O〉を当然のこと［当たり前のこと］と考える」。

> *cf.* I **took it for granted** that he would come.
> 彼が来てくれるのは当然のことと私は思っていた。

②の試訳「しかし真の友情には、何の錯覚もないのである、なぜならこの友情は、人間の本性にあるあの、相手の欠点短所を超越してそういうことが問題ではなくなるところにまで到達するからであって、そこまで達することによって、相手の欠点短所のすべてを、当たり前のこと、自明のことと思い受け入れているからである」。

相手にどんな欠点短所があろうと、そんなことは超越して問題ではなくなる、相手に欠点があることは、相手がああいう顔をし、ああいう鼻をしているのと同じように、当然のこと、当たり前のことと思い受け入れる、許している、これは友情の場合に限られず、男女の愛、親子の愛、愛の名のつく本質的な人間関係に見られる特性のひとつでありましょう。欠点短所を含めて相手の全部を、ああいう人、ああいう子と無条件に受け入れ許している、ここではどんな愛の理由づけも必要ではなくなるのです。

❸ **If you insist upon the virtues of your friend** で insist upon = insist on「あくまでも求める［要求する］」。insist upon には「主張する」の意もありますが、この context では前者を選択しなければなりません。

---

cf. I **insist upon** your being present.
あなたが出席することを私はあくまでも求める。
→あなたにはどうしても出席していただかねばなりません。

「もしあなたが、あなたのお友だちの美点長所をあくまでも求めてやまないなら」。

you expect him to insist upon your virtues の expect は「予想する」で「期待する」の expect ではありません。to insist upon . . . の意味上の主語は him です。これも第5文型 SVOC の形ですね。「あなたは当然、相手のほうもあなたの美点長所をあくまでも求めているものと考えることになる」。

and there is a competition between you and your friend「すると、あなたとお友だちの間には一種の競争関係が生まれて」。a competition = a kind of competition「（互いに自分の美点長所を、自分の立派さを相手に見せ合い張り合う）競争関係」。

which makes friendship a burden rather than a rest で、主格関係代名詞 which の先行詞は a competition、which 以下は継続的に訳し下しましょう。

makes friendship a burden「(この競争関係が)友情[２人の付き合い]をひとつの重荷に変じてしまう」→「２人の付き合いはひとつの重荷と変じてしまう」。

rather than a rest は「やすらぎ[いこい]の場というよりもむしろ」。

優れた人だから、立派な人だから付き合う、友だちになるということは、友情に値段をつけ、見返りを要求することにほかなりません。すると以心伝心で、相手も自分にそういう見返りを要求していると思い込む。こうして互いに自分の立派なところを、美点を見せ合うという一種の張り合い関係、緊張状態が生じて友だちとの付き合いが、やすらぎの場というよりも一種の重荷となると言うのです。いつもカッコイイところを相手に見せようとすると疲れますものね。

❹ **Indeed, it is the test of friendship and the delight of it, that**... の it は形式主語で it ... that の文構造です。

the test「試金石・良否・真贋(しんがん)を決める基準」。

> *cf.* Poverty is **the test** of character.
> 　貧困は人間の性格の試金石である。→貧乏になると人間の性格がよくわ
> 　かるものだ。

because we are no longer afraid of being thought worse than we are は、主節の動詞 do not try にかかる副詞節。

no longer「もはや...しない」。

being thought worse は think ill (of...)「(...を)悪く思う」という句動詞の ill が比較級の worse になり、think が受動態の動名詞になっています。「...よりも悪く思われること」。

than we are は「あるがままの私たち[現実の自分たち]よりも」。

この副詞節を直訳すると「私たちが、あるがままの私たち[現実の自分たち]よりも(相手から)悪く思われることを、もはや怖れなくなるがゆえに」。

we do not try to seem better で、better 以下に省略された than we are を補って読みましょう。「私たちが、あるがままの自分よりも立派に(相手に)見えるように努めなくなる」こと、以上が **the test of friendship** (友情の試金石)であり **the delight of it** (友情の喜び)でもあるのだ、と筆者はこの一文を結んでいます。

　まことの友情には、いかなる理屈づけも条件づけもない、従って相手の人格に対する錯覚［幻想］もあり得ない。ただ相手をああいう人と全的に受け入れ、相手も自分をああいう人と全的に受け入れ許していると信ずるがゆえに、何の気取りもなく自然に相手と一緒にくつろげるということが、友情が本物である証しであり、友との付き合いの喜びもこれに尽きるという所論でした。

　先述したように、これは友情についてだけではなく、男女の、親子の愛情にも言えることです。人間が愛する時、そこにはいかなる理屈づけも見返りを求めることもないのです。そして人間の行為は、それが gratuitous（無償の）行為であればあるほど、純粋で美しいということは真実であろうと思います。

［全訳］

　自分の友だちは、完全無欠な立派な人であるという錯覚にとらわれている時以外は、どうしても人と親しい友だちになれない人々がいる。そしてその錯覚が消え去る時、彼らの友情も終わりとなるのである。しかし真の友情には何の錯覚もないのである。なぜならば、真の友情は、人間の本性にあるあの、相手の欠点短所を超越してそれが問題ではなくなるところにまで到達するからであって、そこにまで達することによって、相手の欠点短所のすべてを、自明のこと、当然のことと思うことになるからである。もしあなたが、あなたのお友だちの美点長所をあくまでも求めるならば、あなたは相手のほうもあなたの美点長所をあくまでも求めているものと考えることになる、かくて、あなたとお友だちの間には、一種の（美点長所を互いに見せ合い張り合う）競争関係が生まれ、そのために、2人の付き合い［友情］は、いこいの場というよりもむしろ、ひとつの重荷と変ずるのである。実際、私たちが、相手から、あるがままの自分よりも悪く思われはしないかともう怖れなくなるがゆえに、あるがままの自分よりも立派な人間に見えるように努めなくなることが、友情が本物であるかどうかを試す試金石であり、また友情の喜びもこれに尽きるのである。

4 世代間の断絶について

■ 1 断絶への橋わたし

①I imagine that there are in the audience a considerable number of parents who feel they are receiving more than their just share of blame today. ②I have spoken first to my own generation because we are supposed to be wise, or at least experienced. We are supposed to have learned something by now. ③And I think that if we are going to pass along what we have learned it had better be through action rather than instruction. ④I hope that what I have been saying today does not depend on youth or age, but rather on our being human. ⑤So let us expect the best, and think the best of humans, of one another, ⑥and if we can, I think we will have gone a long step toward bridging the human gap between generations.

この英文は一読して文意がよくわからない、「私」の置かれている状況がよく摑めない、ある点では最も難しいタイプの文章かもしれません。しかし2、3度読めば最後のほうにある bridging the human gap between generations が解読の糸口になってくれましょう。

❶I imagine that . . . の接続詞 that 以下が imagine＝think の目的語 S＋V＋Oの第3文型。

in the audience「聴衆の中には」。the が付いています。冠詞にも注意しましょう。つまり「本日ここにお集りの聴衆、いま私の話を聞いて下さっている皆様の中には」と言っているのです。

a considerable number of ～「相当数の～」

> *cf.* **a number of** children
> 多数の子供たち

who feel (that) **they are receiving more than** . . . の more は much
の比較級で receiving の目的語。

their just share of blame today の their は parents を受けます。share
「分け前、割り当て、受け取り分」ですが、blame「非難」にも、それを受ける
側にとって、「正当な」(=just)受け取り分というものがあるのです。このくら
いは叱(しか)られても、非難されても仕方がないと納得できる分量というものが。本
人が、その分量を超える不当な非難を受けた、叱られ方をしたと感ずる時、大
人も子供もひとしく怒り出すものです。

「本日お集りの皆様方の中には、今日そこまで非難されるのはあんまりだと憤
慨されているご両親が、相当数いらっしゃると私は察しております」。

ここで語り手の「私」が、まず親たちに向かってかなり手厳しい口調で、親
と子との間の、世代間の断絶の責任は、親の側にあるという内容のことを述べ
たのだなと、推定できたでしょうか？　そして憤慨の色を見せている親たちに
向かって、

❷ **I have spoken first** . . . **because we are supposed to** . . . 「私がまず
最初に . . . お話ししてまいりましたのは . . . 私たちが . . . であるはずだからで
す」と because 以下からではなく、この sentence の語順どおりに頭から訳し
ていきましょう。

to my own generation「私自身の世代の人々に対して、私と世代を同じく
する年輩の方々に対して」。

we are supposed to be wise＝It is supposed that we are wise. wise
「賢い→分別がある」。この部分を直訳すると「私たちはもう分別があると(一般
に)考えられている」。be supposed to . . .「 . . . と考えられている、 . . . とい
うことになっている、 . . . のはずである」。そこで意訳すると「私たちはもう分
別のある大人であるはず」。この形の単文はすぐに複文に書き直してみるこ
と。

> *cf.* He is said to be very rich.
> → It is said that he is very rich.
> 彼は大変金持ちだと言われている。
> He is said to have been very rich.
> → It is said that he was very rich.
> 彼は以前は大変金持ちだったと言われている。

　or at least experienced の at least は「少なくとも」。experienced は、wise と同じように to be に接続する補語。「つまり少なくとも経験を積んだ大人である」。

　We are supposed to have learned something by now は前文と同一の文構造です。by now「今までには→もうこの年になれば」。「私たちはもうこの年になれば、(人生から)何かを学び取ったはずであるからです」。

　❸ **if we are going to pass along what we have learned** の be going to . . . は「. . . しようと思う、. . . するつもりだ(＝intend to . . .)」。pass along「次に回す[手渡す]、次代に伝える」。what＝that which.　what we have learned「私たちが(人生から)学び取ったものを」。

　it had better be through action rather than (through) instruction. ここは一番考えてもらいたい sentence。it は if　clause 中の pass along (手渡す)の、その手渡し方を指しています。「その手渡し方[伝え方]は」。through は手段・方法を示す前置詞。had better＋原形動詞「. . . のほうがよい」。

> *cf.* You **had better go** to a doctor at once.
> 君はすぐに医者に見てもらったほうがいい。

　さて、この sentence の直訳は「その手渡し方は、教育[指導]という方法によるより、むしろ行動という方法によるほうがよい」となります。もし大人が年よりが、人生から学び取った知恵を次代の若者に伝えたいと願うならば、その手渡し方は instruction (教えてやる、ついて来い)という命令的な手段によるよりも action (行動、つまり大人の日常の言行というお手本)によっておのずから手渡されるような伝え方のほうがよいと言っているのです。子供が自然に模倣しなければならないような生き方を示してみせよと言っているのです。そ

してこの語り手は、自らに対する反省をも忘れずに次のように付言しています。

❹ **what I have been saying today** that 節の sentence の主部。

depend on . . . 「. . .に依存する、. . .によって決まる」ですが、この前後関係では「. . .によりかかる」と訳するとぴったりです。

on youth or age と **on our being humans** と 2 つの on 以下が not . . . but の係り結びによって連結され、どちらも depend に繋がっています。youth or age「若いこと、あるいは年寄りであること」。our being human「私たちは人間であること」。our は being の意味上の主語。being human（人間であること）とは、私たちは犬でも猫でもない、単なる動物ではないということ、つまり人間の名に値する存在であるということです。humanity（人間性）とは、人間を他の動物と区別する秀れた特性であることをしっかりと思い出して下さい。「本日、私がこれまでお話ししてまいりましたことも、若さに、もしくは年寄りであることによりかかった発言ではなくて、むしろ私たちが人間であることによりかかった発言でありたいと私は願っております」。

この英文が全体の核心です。若い人たちにとって、大人が、親が、お前たちは苦労が足りないとか、経験が足りない、世間を知らない、だから経験を積み苦労を重ねた大人の言うことを聞け、年寄りの言うことに従え、という instruction の仕方ほど腹立たしい態度はないかもしれません。これを「年寄りであることによりかかった」発言というのです。また一方、俺たちは若いんだ、時代が違うんだと年寄りを嘲笑（ちょうしょう）する青年の、ただ「若さによりかかった」発言ほど片腹痛い発言もないと申せましょう。人間にはみな若かった日があるのであり、そして人間はみな必ず年寄りになるのですから。それゆえに若者も年寄りも、子供も親も、それぞれの発言の土台は、それぞれが一人の人間として、どのくらい人間の名に値する人間であるかに、それぞれの日常の生き方いかんに求めるべきだと言うのです。立派な大人がいるように、人間として立派な若者もいるのです。この土台の上に立って、⑤の提案に進んでいきます。

❺ **So let us** 「それゆえに（皆さん）. . .しましょう」。この let は勧誘の let。

humans と **one another** は、どちらも 2 つの句動詞 **expect the best of** . . . 「. . .に対して最大の期待をよせる」と **think the best of** . . . 「. . .に対して最大の善意をもって考える」の共通の目的語になっています。think the best of は think well of . . .（. . .のことをよく考える［思う］）の well が最上級になっている句動詞です。

cf. You must **think well of** her.

　彼女のことをよいほうに考えてあげなければいけない。

　of humans「人間から、人間に対して」。humans＝human beings。

　of one another「お互い相手に対して、若者は年寄りに、年寄りは若者に対して」。**one another** は「お互いに」という副詞句ですが、ここでは名詞句として機能し of の目的語になっています。

　「ですから皆さん、私たちは人間に対して、若い人は年寄りに、年寄りは若い人に対して、最大の期待をよせ、最大の善意を抱こうではありませんか」。

　❻ **and if we can**　can の次に expect . . . and think the best of を補って考えます。前文と重複するのを避ける省略形。「そして . . . が可能となる時」。

　we will have gone a long step　未来完了時制であることに注意。

cf. He **will have come.**

　彼は（その時は）もう来ているでしょう。

　go a long step「大きく一歩踏み出す」。

　toward bridging . . .「. . . に橋をかけることに向かって」。**the human gap between generations**「世代間の人間関係の断絶」。

　これに橋をかけるにはどうしたらよいのか、それがこの英文の主題でした。ツルゲーネフの名作『父と子』が如実(にょじつ)に教えているような、父と子の、世代間の人間関係の断絶という、いつの時代にも生まれる難問題を何によって解決したらよいのか、と世の両親に問いかけるこの語り口は、緩急自在(かんきゅうじざい)で円熟した牧師、もしくは教師を思わせます。この人は、時代の、それに伴う通念の変化を超えた不易(ふえき)の humanity「人間を人間たらしめる高貴な特性」を信じているように思われます。

［全訳 1］

　ここにお集まりの皆様方の中には、今日、そこまで非難されるのは不当だ、心外だと憤慨されているご両親の方々が相当数いらっしゃると私は察しております。私がまずはじめに、私と世代を同じくする年輩の方々に向かって発言いたしましたのは、私たちはもう分別のある、つまり少なくとも経験を積

32

んだ大人であるはずだからです。私たちはもうこの年になるまでには、（人生から）何かを学び取っているはずであるからです。そして、もし私たちがその学び取ったことを（次の世代に）手渡そう、伝えたいと願うならば、その手渡し方は、教えてやるという伝え方よりもむしろ自分の行動というお手本によって自然に伝わるという伝え方のほうがよいと私は思うのであります。本日、私がこれまでお話ししてきたことに致しましても、若いということに、あるいは年寄りであるということによりかかった発言ではなく、私たちは人間であるということに［どういう人間であるかということに］よりかかった発言でありたいと私は願っております。でありますから皆さん、私たちは、人間に対して、お互いに、（若い人は年寄りに、年寄りは若い人に対して、）最大の期待をかけ、最大の善意を抱こうではありませんか。そして私たちにそれができるのであれば、私たちは既に、世代間の人間関係の断絶に橋をかけるという仕事に向かって、大きく一歩踏み出したということになるでしょう。

■ 2　親の権威の失墜をめぐって ━━━━

　① If the authority of parents has been weakened, it is largely because parents find it increasingly difficult to make up their own minds what is right and what is wrong, and what standards to expect of their children. ② Children need security as well as freedom, especially the security of parents with definite and coherent beliefs. ③ Children will not necessarily adopt their parents' beliefs; during adolescence they will almost certainly react against them. But they need something definite even to react against. ④ In any case, they stand to gain immediately by growing up with parents who have firm beliefs (whatever those beliefs may be), and whose lives and characters are strengthened by those beliefs. ⑤ A son may disagree with his father in almost everything, and yet be deeply grateful to him for being a man of positive opinions and steadfast purpose. If parents do not know their own minds, it is not surprising if children drift. ⑥ It is worth observing that, broadly speaking, neurosis is more likely to result from too little authority than from too much.

❶ **If the authority of parents has been weakened**「もし今日、親の権威が弱められている[弱体化している]とするならば」。

it is largely because . . . の it は if clause の内容、親の権威が弱くなったこと。「それは主として、because 以下のためである」。

parents(S) **find**(V) **it**(O) . . . **difficult**(C) **to make up their own minds** S＋V＋O＋C の第 5 文型で、この it は形式目的語、**to make** 以下がその内容をなす名詞句。

make up their own minds の make up one's mind＝come to a decision で「決心する、決断する」。

what is right 名詞節で「何が正しいことか」。**what is wrong**「何が間違っていることか」。これも名詞節。

What standards(O) **to expect**(V) **of their children**「自分の子供たちに対してどの程度の水準のことを期待すべきか」。こちらは名詞句。

what standards は to expect の目的語で、to expect(V) what standards (O) of their children と続くのですが、what が疑問形容詞なので standards と一緒に前に出ている形です。of＝from →「に対して」。

---

cf. Don't expect so much **of** him.
　彼から[彼に対して]そんなに期待をしてはいけない。

以上 what にはじまる 2 つの名詞節と 1 つの名詞句、この 3 つは make up their minds という句動詞と as to もしくは about によって連結されているべきですが、このような句動詞に続く場合は消去されるのが慣用です。

---

cf. I was at a loss (**as to**) what to do.
　どうしたらよいか、私は途方にくれた。

34

日本語に訳してみても as to の部分が自然に消えていますね。

it is largely because 以下の試訳「それは主として世の親たちが、自分の子供たちに対して、何が正しいことか、何が間違っていることか、さらにどの程度の水準のことを期待するべきかに関して、はっきりと決定することが［明確な信念を持つことが］いよいよ困難になっているからである」。

正邪、善悪の基準について、自分の子供がどういう人間になってくれたらよいのか、について親が確信を持てなくなっているからだ、親のほうに確固とした価値観が人生観が無くなってきたからだと言っているのです。こういうことはしてはならぬ、こういう人間になれと子供にはっきりと示してやることが覚束(おぼつか)なくなったからだと言っているのです。ところが子供というものは...と筆者は続けます。

❷ **Children**(S) **need**(V) **security**(O) **as well as freedom** は S＋V＋O の第 3 文型。as well as（...と同様に、...に劣らず）を間に挟(はさ)んで目的語は 2 つ。security「保証」の意ですが、ここでは、「安心できる拠(よ)り所」とくだいて訳しましょう。そこから「保険」の意味も出てくるのです。「子供というものは、自由を必要とするに劣らず、安心できる拠り所を必要としている」。

especially「特に」。**the security of parents...beliefs** ここの of は security と parents とが同格関係にあることを示す of で「...という」。「確固とした、首尾一貫した信念を持つ親、という安心できる拠り所を」

❸ **not necessarily**「常に必ずしも...しない」。**Children will** の will は、一般的な真実を示すものと考えてよいでしょう。

during adolescence「青春期の頃は」。**almost certainly**「ほとんど間違いなく」。どちらも句動詞 react against（反逆する、反抗する）にかかる副詞句。**them** は **parents' beliefs**。　**something definite**「何かしっかりとしたもの［相手］」。不定代名詞 something, nothing, anything を修飾する形容詞は常に後ろに付き、前に付くことはまずありません。

---

cf. There is **something noble** about him.
　　彼には何か品のよいところがある。

---

to react against この to 不定法は目的を示す副詞句「反抗するためにも」。But 以下は「しかし子供たちは反抗するためにも、何かしっかりとした相手を必要とするのである」。

力強い表現です。子供に反抗されると取り乱して泣き出したり、寝こんだり
する両親では、反抗もできない相手ということになりましょう。

❹ **In any case**「いずれにしても[反抗する、しないにかかわらず]」。

stand to この文脈では＝tend to「．．．する傾向がある、．．．する場合が多
い」。小さな辞書には出ていないかもしれません。**gain**「圓得をする、利益を得
る」。**growing up with**「．．．の下で育っていくこと」。

この with＝in the charge of．．．（．．．に保護されて、．．．の下で）。

---

cf. She stayed **with** her uncle.
　　彼女は叔父さんの下(もと)に身を寄せていた。

---

firm beliefs「堅い[ゆるがぬ]信念」。（**whatever those beliefs may be**）
譲歩の副詞節を導く whatever．．．may,「親のその信念がどういうものであ
ろうと」。

and whose lives and characters are．．．by those beliefs whose の
先行詞はその前の主格関係代名詞 who．．．と同じく parents.「自分の信念
[信仰]によって、その生活も人格も確固たるものとなっている(そういう両
親)」。

④の試訳「いずれにしても、子供というものは、ゆるがぬ信念を持ち(その信
念がどういう信念であるにせよ)、さらにその生活も人格も、その信念によって
確固たるものとなっている、そういう親の下で育ってゆくことによって、直接(じか)
に利益を得ることが多いのである」

❺ **disagree with**．．．「．．．と意見を異にする、．．．と一致しない」。

---

cf. His conduct **disagree with** his words.
　　彼の言行は、一致していない。

---

in almost everything「ほとんどあらゆる事[問題]で」。

A son「男の子」というものは、思春期に、特に父親と衝突し反抗し、これと
対立することによって、おのれを確認し自立しようとするものです。そのため
にも父親は、**a man of positive opinions and steadfast purpose**「何事に
も明確な意見を持ち、ゆるがぬ人生目的を持つ人」でなければならないと筆者
は言うのです。

　and yet「しかし、けれども」。**be deeply grateful**「深く感謝する、ありがたいと思う」は、may に接続していることも見落とさないこと。

　for being a man of . . .「. . .の人間であることに対しては」。この動名詞 being の意味上の主語は、その前の **to him** の him つまりその子の父親です。「自分の父親が . . .の人間であることに対しては」。

　If parents do not know their own minds の mind は「意見、考え」の意で＝opinion, thought.「自分の考え、自分の意見というものを、親自身がはっきりとわからないでいるならば」→「親自身に明確な考え方、意見［信念］がないのであれば」。

　it is not surprising if children drift it は形式主語で、if 以下がその内容です。if はここでは仮定ではなく even if［though］。「子供たちが（浮草［離れ<ruby>凧<rt>だこ</rt></ruby>］のように）迷い流れるとしても、何ら不思議ではない」。

　❻ **It is worth observing that** . . . は it . . . that の文構造。「〈that 以下〉のことは、注目に値する事実である」。

　worth「. . .の価値がある、. . .に値する」は目的語を持つことができる特殊な形容詞で、be worth で、ほとんど他動詞と同様に機能し、しばしば動名詞が目的語になります。

---

　cf. This book **is worth reading**.
　　この本は一読するに価する。

---

　neurosis [njuəróusis]「神経症、いわゆるノイローゼ（neurose［独］）」。
　broadly speaking「大ざっぱに言って」。
　is more likely to . . . **than** . . .の be likely to . . . は「. . .しそうである、. . .らしい」。

---

　cf. He **is** not **likely to** come.
　　彼は来そうもない。

---

　result from . . .「〈from 以下〉の結果が主語と<u>なる</u>、. . .の結果から主語が生ずる」。

---

　cf. result in . . .
　　主語の結果が〈in 以下〉に<u>なる</u>

---

too little authority「権威がなさすぎること」。もちろん親の権威です。
too much（authority）「親に権威がありすぎること」。

　子供の教育の第一歩は学校ではなく家庭であります。そして子供にとっての第一の先生は親であります。その親のほうにしっかりとした人生目的と人生観が、正邪善悪に関する基準が確立していなければなるまい。価値の多元化とか、倫理道徳の相対性とか、そんな安易な逃口上を枕にして、親が眠りこんでいては、何事に対しても、軽率な判断は、これを保留するにしても、究極においては決断を下し行動することができないようでは、つまり見識のない親であってはいけないと言っているのです。この文章は現代の親に対する、ひいては学校の教師に対する、かなり痛烈な批判です。さらに根本的には、現代の世相に対する、ほとんどすべての価値基準が、ニーチェのいわゆる「神は死んだ」19世紀以降、絶対者に対する信仰と一緒に次々に崩れ去り、曖昧不徹底なニヒリズムと、刹那的快楽主義が支配している世界の中で生きていながら、それが日常化してしまい、もはやこの状況を悲劇として意識することもできない、まさにロレンスのいわゆる「本質的に悲劇的な」現代に対する批判にも及んでいると読めます。人間はおのれを律する何らかの信念がなくては、動物としてはともかく、少なくとも人間として生きることはできないと思われるからです。

［全訳 2］

　昨今、親の権威が弱体化しているとするならば、それは主として、親の方が、何が正しいことか、そして何が間違ったことかについて、さらに自分の子供たちに対して、どの程度の水準を期待すべきかに関して、自分自身の考え方[信念]を明確にすることがいよいよ困難になっているからである。子供というものは、自由を必要とするに劣らず、安心できる拠り所を必要としている、とりわけ、明確にして首尾一貫した信念を持つ親という拠り所を。子供というものは、常に必ずしも自分の親の信念をわがものとして選ぶとは限らない、いや青春期には、まず間違いなく親の信念に反抗するものである。しかし子供たちは反抗するためにも、何かしっかりとした相手が必要なのだ。いずれにしても、子供たちは、確固たる信念を（その信念がどういうものであるにせよ）持ち、さらにその信念のおかげで生活も人格も確固たるものとなっている親の下で育っていくことによって直接的に益される場合が多いのであ

る。男の子というものは、ほとんどすべての問題で、自分の父親と意見を異にするかもしれぬが、自分の父親が明確な意見を常に持ち、ゆるがぬ人生目的を持つ人間であることに対しては、深い感謝を捧げるであろう。親たるものに明確な信仰、信念がないのであれば、子供たちが迷い流れることになっても驚くには当らないのである。大ざっぱに言って、いわゆるノイローゼの症状は、親に権威がありすぎる場合よりも、親に権威がなさすぎる場合に生ずることが多いということは、注目に値することだと思う。

5 愛国心と政治家

Patriotism「愛国心」という言葉は、現代の若者たちに、一種の拒絶反応を生ぜしめる、人気のない言葉のようです。これは不健康な現代の症候だと思われます。それで次の英文を読んでみましょう。

■ 1 愛国心について

① Patriotism, however much it may be debased, is still patriotism; and ② although it might be exaggeration to contend that the more debased patriotism becomes, the more patriotic it is reputed to be, ③ it is on the other hand certainly true that a pure and rational patriotism is generally condemned as a kind of treason. ④ As usual, irreconcilable meanings lurk behind the convenient word. ⑤ Many of the feelings sanctified by it are wholly brutish, and one can think of many modern instances of Dr. Johnson's famous saying that patriotism is the last refuge of a scoundrel. ⑥ But apart from those contemptible hypocrisies there is plenty of sincere and honest patriotism which, though turned to base uses, is potentially an inexhaustible source of strength to the general good of the country and the world.

❶ **, however much it may be debased,**「それ(愛国心)が、どんなにひどく堕落したものであっても」。however ... may ... は、譲歩の気持ちを示す副詞節です。much は、however に引っ張られて前に出ていますが、主格補語の debased「卑俗な、堕落した」にかかり、これを強めている副詞です。

is still patriotism「それでも愛国心である。やはり愛国心であることに変

わりはない」。still は副詞「なお依然として」。ここで、どうして変わりはない
のであろうかと、私と一緒に疑問符を付け、これから先の論旨の展開に興味を
寄せて下さい。

　❷ **although it might be . . . reputed to be,** この副詞節の主語 it は形式
主語で、**to contend** 以下がその内容の、it . . . to の構文です。contend「主張
する」は、ここでは他動詞で、that 以下の節はその目的語となっている名詞節。
contend は、自動詞の場合は、次に with を従えて「. . . と争う［競う］」の意に
なることも忘れないこと。

　**the more debased . . . becomes, the more patriotic it is reputed to
be.** 文頭の the＋比較級、次の文頭にも the＋比較級、この形は「. . . すればす
るほど、いよいよ〜となる」と一種の係(かか)り結(むす)びを作ります。

　the more debased は becomes に、the more patriotic は is reputed to
be に続く主格補語として働いています。

---

　cf. He **is reputed to be** very honest.
　　＝It is reputed that he is very honest.
　　彼は大変正直者だという評判だ。

---

　it might be . . . の might は、仮定法過去(subjunctive past)の might で、
if 節の気持ちが、主語の it、すなわち to contend 以下に含められています。if
we should contend (もし主張するとすれば)という気持ちが入っているので
す。**exaggeration** は「誇張の言、言い過ぎ」。

　②を意訳すると「愛国心が低劣卑俗なものになればなるほど、いよいよ愛国
的であると評判されるとまで主張すれば、恐らく言い過ぎとなるかもしれない
けれども」。

　❸ **it is on the other hand certainly true that . . .** の it も形式主語で
すが、その内容は接続詞 that 以下の名詞節、文型は S＋V＋C の第2文型。

　on the other hand「また他方においては、また一方では」は、通常 on the
one hand (一方においては)を含む節に続く次節の中で、on the other hand
(また他方においては)と前者を受ける副詞句なのですが、ここでは although
以下の前節の中にあるべき on the one hand は省略されています。although
以下の「. . . と主張すれば、恐らく言い過ぎになるかもしれぬ」という判断が

on the one hand（一方においては）の判断であり、これが筆者の念頭にあっ
て、on the other hand（また一方では）と受けているのです。

　③の試訳「また一方、純乎たる［本物の］、そして理性的な愛国心は、（祖国に
対する）一種の裏切り行為として一般に非難を受けるということが真実である
ことは確かである」。

　ここでも、どうして「非難を受けることが真実であることは確かである」と
言い切れるのであろうかと考えてみて下さい。ここの内容把握の要は pure「純
乎たる、本物の」と rational「理性的な」という２つの形容詞であります。愛
国心にこの２つの形容詞を付けて限定したことは、愛国心にも impure な（不
純な、本物とは言えない）、そして irrational な（理性的ではない、感情的な、盲
目的な）patriotism もあることを言外に指摘していることにほかなりません。
そして patriotism が pure で rational であれば、どうして「祖国に対する一
種の裏切り行為として一般に非難を受ける」ことになるのかと、さらにもう一
度考えて下さい。

　❹ as usual「例によって例のごとく」は、ほとんど成句になっていますが、こ
の文脈では、これの省略を補って副詞句を節に復元すると、as　(is)　usual
(with the convenient word) となります。

　convenient word に定冠詞 the が付いていることに注意。the は「その便
利な言葉」、すなわち愛国心のことだ、と告げている定冠詞です。

　with は in the case of の意で「...の場合」。as は主格関係代名詞として
機能し、この先行詞は、これから述べる irreconcilable　meanings　lurk
behind　the　convenient　word という sentence の内容です。すると as
usual の部分は「愛国心という便利な言葉の場合、これは（両立しない意味がそ
の背後にかくれていることは）普通のことであるが」となります。

　④の試訳「愛国心というこの便利な言葉の背後には、こういう言葉の例にも
れず（as usual）両立できない意味内容が隠れているのである」。

---

cf. He came late **as** (is) **usual** (with him).
　例によって例のごとく、彼はまた遅れてやってきた。

　ここでの as の先行詞は、主節の He came late の中にある to come late
（遅れてくること）という事実です。

> *cf.* **As** is usual with boys, he loved to hear adventure stories.
> 男の子のご多分にもれず、彼も冒険物語を聞くのが好きだった。

　as の先行詞は、こちらでは後に来る主節 he loved to hear . . . の中にある to love to hear adventure stories という事実です。the convenient word すなわち愛国心、これも便利な言葉ですが、他の例を挙げれば love (愛)という言葉もそういう言葉です。いかに両立しない感情がこの言葉の背後に隠れていることか。正義という言葉もまた然りです。

　❺ **Many of the feelings sanctified by it**「それ[愛国心という言葉]によって正当化されている感情の多くは」。sanctified「聖化される→正当化される」。他動詞の過去分詞が形容詞として機能する時は、常に受身の内容の形容詞です。**brutish**「畜生のような、野卑野蛮な」。

　think of＝remember「思い出す」。

> *cf.* I can't **think of** his name.
> 彼の名前を思い出せない。

　think of は他の context では get the idea of (思いつく)の場合も少なくなく、また(. . . について考える)と直訳すべき場合もありましょう。

　many modern instances「現代版の多くの実例」。この実例を、私たちの身近に、それこそ掃くほど見ることができましょう。**Dr. Johnson's famous saying that . . . of a scoundrel.** that は同格的名詞節を導く接続詞、「. . . という」。**the last refuge**「最後の避難所[逃げ口上、切札]」。

　⑤の試訳「ジョンソン博士の有名な言葉、愛国心とは、ならず者の最後の逃げ口上であるというあの名言の、現代版の実例を私たちはいくらでも思い出すことができる」。

　Dr. Johnson は 18 世紀のイギリスの恐らく最も偉大な文人であり、また人間であったと言ってよい人物。特に批評家として秀れた仕事を残していますが、詩人としても、質的には第一流の人でした。独力で英語の最初の大辞典を編集し出版したことも忘れてはならない業績です。その人間としての偉大さと魅力については、伝記文学の白眉、ボーズウェルの *Life of Samuel Johnson* によって知ることができます。理性の時代、18 世紀を代表する巨人の一人です。

　さて、ここで **patriotism** という言葉について、皆さんの注意を促しておきた

い。

　この英語の語源は、ラテン語の pater（パテル、父）に遡れるのであって、わが父を、ひいてはわが親を特別に、大切に思う極めて自然な感情を指しています。

　自分の父や母のことを特別に思うこの情は、親が子を思う情と同様に、普遍的な人情であって、この語源的な意味では、patriotic でない人はほとんど存在しないのです。

　同様に自分が生まれ育てられたわが家は特別な愛着の対象です。他人の家の火事には平気でも、わが家の場合は平気ではないでしょう。そして、そのわが家を取り巻く自分の故郷の山川草木は、特別な愛着の対象です。patriotism は、時に「郷土愛、愛郷心」の意になります。この延長線上に生れるのが「愛国心」であって、その本質は、恐らく人間の自己愛(egoism)に結びついている人類の根源的な感情だと思われます。

　であるから、この感情が、わが父母を、わが故郷を、わが祖国を、ひいてはおのれ自身を特別なものとして絶対化するエゴイスティックな感情に留まっている限りは、別に崇高なものでも美しいものでもないのですが、しかしこれを軽視したり馬鹿にしたりできる感情では決してありません。それは、生きものとしての人間に内在する最も本源的な感情であり、人間の行動エネルギーの一大源泉でもあるからです。

　それゆえに、この感情は、人間を人間たらしめる機能である理性(reason)によって洗練された、rational な、pure な（本物の）愛国心とならなければならないのです。自己愛の真の充足と完成は、他者との、社会との協調融和のないところに生まれようがないことを理性が教える限り、自己愛は常に対他意識とそれに伴う自己批判の力によって補正されなければならないように、patriotism もまた理性の力によって補正されなければなりません。

　父の考え方や行為に、祖国の思潮や動向に、誤りや不正を認めれば、これを批判し修正させる力と勇気によって補正される時、patriotism は、はじめて本物の[pure な]そして理性的な[rational な]ものとなる、本来、人間の始原的な力強い感情ではあるが、ともすれば盲目的で野蛮なエゴイズム、「ならず者の逃げ口上」に堕していく危険から離れて、人間の名にふさわしい崇高さ、美しさに近づいていくことも可能になるのです。

　しかし、かかる pure で rational な patriotism の持ち主が、周囲の自称愛

国者たち、感情的、盲目的で野蛮なエゴイズムを「愛国心」という<u>便利な言葉</u>で正当化している人々の中で孤立し、かえって「祖国に対する裏切者、売国奴」として非難の的にされるのは必然であり、真実であることは確かだ、とこの筆者は考えているようです。政治家や軍人を含めて愛国者を自称する「ならず者」たちの横行を、さんざん見てきたために、そして今日も目にしているがゆえに、patriotism という言葉に対する皆さんの拒絶反応のようなものが生じているのではないでしょうか。

❻ **apart from** . . .「. . . は別として、. . . はさておき」。

those contemptible hypocrisies「こういう侮蔑すべき偽善(的愛国心)の数々」。本質は野蛮で盲目的なエゴイズムを愛国心の美名で装い、その偽善性に気づいてもいない愚昧(ぐまい)さを「侮蔑すべき」と言っています。いろいろな形を取ってあらわれるので **hypocrisies** は複数。

sincere and honest「真摯にして本物の[公明正大な]」。pure and rational を別の言い方で形容しています。**though (it is) turned to base uses** 副詞節の主語と述語の省略された形。**turn . . . to use**(利用する)の use に base が付くと「悪用する、卑劣に利用する」の意。「いろいろと卑劣に利用されるけれども」。**potentially**＝possibly「もしかすると」。

to the general good of the country and the world「祖国全体の、ひいては世界全体の幸福[利益]を生み出す」。strength . . . にかかる形容詞句で、この to は、結果や効果を示し「. . . に通ずる、. . . という結果を生ぜしめる」。

> *cf.* It would be **to his benefit** to do so.
> そうすれば、彼のため(という結果)になりましょう。

マシュー・アーノルドという 19 世紀後半の詩人にして批評家であった人に『教養と無秩序』(*Culture and Anarchy*)という極めて patriotic な名著があります。これは世界の最大最強国として君臨していたビクトリア朝のイギリスの、社会と文化の全体に瀰漫(びまん)していた俗物主義と独善的な自惚(うぬぼ)れに対する徹底した批判と弾劾の書であって、この詩人の理性的な patriotism の発露(はつろ)と評すべき秀れた評論ですが、当然ながら、当時の自称愛国者たちによって「祖国を裏切るもの」として非難されました。またペリクレスの死後、急速に崩壊してゆくアテナイの民主制の末期に、ソクラテスが時の政府に危険視され、死刑に処せられた事情にも、この patriotism の問題点が関わっていると思います。こ

の一文によって自分には「愛国心」など存在しないと公言する人が少なくなれば、と期待しています。

［全訳 1 ］

　愛国心というものは、それがどんなに低劣卑俗なものであっても、やはり愛国心であることに変わりはない。そして愛国心が堕落したものになればなるほど、それが愛国的であると評判されると主張すれば、それは言い過ぎとなるかもしれないけれども、また一方、純乎たる、そして理性的な愛国心が、（祖国に対する）一種の裏切り行為として一般に非難されるという意見が真実であることは確かである。愛国心というこの便利な言葉の背後には、こういう言葉の御多分にもれず、両立しない［相矛盾する］意味内容が隠れているのである。この言葉によって正当化されている感情の多くは、全く野蛮卑俗なものであって、私たちはジョンソン博士の有名な言葉、愛国心とはならず者の最後の逃げ口上である、というあの名言の現代版の実例を、いくらでも思い出すことができる。しかし、こういう侮蔑すべき偽善(的愛国心)は別にして、真摯な、そして本物の愛国心もたくさん存在しているのであって、かかる愛国心は、卑劣な目的に利用されはするけれども、もしかすると祖国全体の、ひいては世界全体の幸福を生み出す力の、こんこんとして尽きることなき源泉であるかもしれないのである。

　政治、政治家という言葉も patriotism と同じように、皆さんに拒絶反応を生ぜしめる人気のない言葉であるかもしれません。とすればこれも現代の症例だと思いますので、次の英文を味読してみましょう。

■ 2　政治家という職業 ━━━━━━━━

　① It is this uncertainty, with its various consequences, that makes politics the most hazardous of all manly professions. ② If there is not another in which a man can do so much good to his fellow-creatures, neither is there any in which, by a cowardly act or by a mere loss of nerve, he may do such widespread harm. ③ Nor is there another in which he may so easily lose his own soul. ④ But danger is the inseparable companion of honour. The greatest deeds in history were not done by people who thought of safety first. ⑤ It is possible to be too much concerned even with one's own salvation. There will not be much hope left for humanity when men are no longer willing to risk their immortal as well as their mortal parts. ⑥ With all the temptation, dangers and degradations that beset it politics is still, I think, the noblest career that any man can choose.

❶ **It is this uncertainty . . . that makes . . . of all manly professions.** it . . . that の強調構文で、これを平叙文に直すと This uncertainty (S) . . . makes(V) politics(O) the most hazardous(C) of all manly professions. となり、第5文型の sentence です。この主語の this　uncertainty が強調されて、It is this uncertainty that makes . . . となっています。

①を直訳すると「政治を、すべての男性的な職業の中でも最も危険なものにしているのは、この不安定な性質、それから生ずる様々な結果を伴う不安定な性質である」。

述語動詞 makes は使役動詞で主語の uncertainty は抽象名詞ですから、こういう場合は主語を副詞句のごとくに処理し、目的語の **politics** を主語のごとくにして訳出しましょう。すると意訳は、「この不安定な性質と、それに伴う様々な結果のために、政治というものは、すべての男性的な職業の中でも、最も危険な職業となっているのである」となります。

manly（男性的な、男らしい）この形容詞は伊達（だて）に付いているのではありません。安定した状態の持続を拒否し、進んで不安定な状況に身を置き、敢えて危険に立ち向かって、みずからの意志と決断力によって難局を突破すること、一言でいえば冒険を愛することが男性の本質本領のひとつではないのかと筆者が暗黙に語りかけていることが徐々に明らかになってくるからです。政治ほど不安定で危険な職業はなく、従って最も男性的な職業だと、この文章のリズムが

47

すでに告げています。ラグビーやサッカーなど、最も男性的なスポーツと申せましょう。

❷ 省略された部分が非常に多い sentence です。補って書いてみましょう。

If there is not another (profession) **in which a man can do <u>so</u> <u>much</u> good to his fellow-creatures** (<u>as</u> in this profession)**, neither is there any** (profession) **in which**...**he may do <u>such</u> widespread harm** (<u>as</u> in this profession). さて、If は、この文脈では仮定よりも、修飾する主節の内容との対照もしくは比較の気持ちを示す接続詞として働いています。

---

cf. **If** he was angry *before*, he was raging *then*.
以前の彼は怒っていただけだったが、その時の彼は怒り狂っていたと言える。

---

before（その前）と then（その時）の彼の状態を比較対照させる働きをこの if は務めています。

同じように②の If も「自分の同胞である他人に（この職業の場合ほど）大きな利益を与えうる、そういう職業は他にないのであるが」と、この職業の持つプラス面を説明しつつ、主節の neither is there... にかかって「同時にまた怯懦(きょうだ)な行為により、いやちょっと気力を喪失しただけで（この職業の場合ほど）広範囲に及ぶ大きな害悪を他に及ぼすおそれのある、どんな職業も他にはない」という主節の内容、つまりこの職業の持つマイナス面を対照的にはっきりと際立たせるように働いているのです。

---

cf. **If** he is brave, his wife is meek.
彼は勇敢な男だが、（対照的に、）彼の妻は柔和な人柄だ。

---

in which の which の先行詞は **another** (profession) 従って省略されている (as in this profession) の中の in this profession と in which は同格の関係にあります。

❸ Nor is there 以下は②と全く同じ文構造です。**Nor is there another** (profession) **in which he may <u>so</u> easily lose his own soul** (as in this profession) so と省略された as 以下との連関をここでも見失ってはいけません。

48

> *cf.* I wish the good old times would come again when we were not
> quite **so** rich (**as** now).
> 私たちがこれほど［現在ほど］本当にお金持ちではなかったあの昔の良
> い時代が、もう一度帰って来てくれたらと思いますね。

　nor 否定を含む接続詞で次は必ず倒置形を取るのは **neither** も同じ。**lose
his own soul** で lose one's soul は「堕落する」。soul は宗教的倫理的な意味
における魂、霊魂で、良心（conscience）の所在する場としての魂、従って「魂
を失う」とは「良心を失う、すなわち堕落する」こと。
　③の試訳「また人間が、これほど容易に堕落するおそれのある職業もほかに
はありませぬ」。
　❹ **But danger is . . . of honour**「しかし危険というものは、（人間の）栄誉
と切り離せなすことのできない伴侶（はんりょ）である［危険のないところに人間の栄誉も
ありえない］」。簡潔で力強い表現です。
　people who thought of safety first「安全第一に考える人々」。
　❺ **It is possible to be too much concerned even with one's own
salvation.** これも it . . . to の文構造。
　be concerned with この文脈では「心にかける、気にかける、念願する」。
　one's own salvation「自分自身が救われること」。salvation のように動詞
から生まれた抽象名詞には、動詞の機能が充分に残っていて、時に動名詞と同
じように働いている場合が少なくありません。従って「. . . すること、. . . し
たこと」、さらに「. . . されること」と受身の動名詞のように処理する場合も生
じます。

> *cf.* There is a chance of **discovery** in our going together.
> 私たちが離れずに一緒に行けばこそ、発見してもらえる可能性も出てく
> るのだ。

　possible＝thinkable。
　さて⑤を直訳すると「自分自身が救われることでも、あまりに心にかけすぎ
るということが考えられる」となりますが、too much という副詞句には、過
ぎたるは及ばざるがごとし、で、よくない、という気持ちが出てきます。

> *cf.* You eat **too much**.
> 食べ過ぎだよ、食べ過ぎはよくないよ。

　同じように⑤も「自分自身が救われることでも、それにあまりに心をかけす
ぎるのはよくないということも考えられるのだ」→「自分一人が救われること
を念願するのにもおのずから限度があると思う」。

　There will not be much hope left for humanity 存在構文(there is 構
文)の主語の次に来る分詞の処理。ここでは過去分詞が置かれています。書き換
えると Much hope will not be left for humanity（人類にはもう多くの希望
は残されていないであろう）。

> *cf.* There **is** father **waiting** in the car.
> 　→ Father is waiting in the car.
> お父さんが、車の中で待っています。

　be willing to＝be ready to「進んで［喜んで］...する」。

　no longer「もはや...しない」。

　risk their immortal as well as their mortal parts で as well as「...
と同様に、...のみならず」を間に挟んで、*immortal* と *mortal* と２つの形容
詞が共通に parts を修飾しています。**mortal**「必ず死ぬ」。反意語は **immortal**
「不滅の、不死の」。

　their mortal parts「人間の必ず死ぬ部分」とは、すなわち人間の肉体のこ
と。

　their immortal parts「人間の不滅なる部分」とは、すなわち人間の魂、霊
魂のこと。「人間の肉体のみならず、人間の魂まてあえて危険にさらす」。

　❻ **With all ～**＝inspite of、despite (of)、for all ～「～にもかかわらず」。

　that beset it の it は **politics.** that は主格関係代名詞、「政治につきまと
うあの誘惑、危険、また堕落にもかかわらず」。**politics is ... the noblest
career** と続く第２文型 S＋V＋C です。

　この筆者は政治家の職業を the noblest career「最も崇高な職業」と呼び、そ
の理由を力強く、やや美文調で述べています。政治家という職業に若い人たち
が無関心、もしくは拒絶反応を持つのは不健康な社会の症候です。政治家の実
状はともあれ、それとは別に政治の本質を改めて考えさせる文章でした。東洋

では孔子の昔から、西欧ではギリシャ・ローマの昔から、政治は、男子一生の仕事として最も尊重された職業であったし、それは今も変らぬ真実であることを想起させる文章でした。

［全訳 2 ］

　この不安定な性質と、それから生ずる様々な結果のために、政治というものは、あらゆる男性的な職業の中で最も危険な職業となるのである。人間が自分の同胞である他人に対して、これほど多くの利益を与えうる職業は他にないのであるが、また怯懦な行為により、いやちょっと気力を失っただけで、これほど広範囲に及ぶ大きな危害を(人々に)与える恐れのあるどんな職業もないのである。またこれほど人間が容易に堕落するおそれのある職業もほかにはない。しかし危険というものは、人間の栄誉と切り離せない伴侶である。歴史上最も偉大な行為が、安全第一に考える人々によって行われた例はなかったのである。自分自身が救われることを念願するにも、おのずから限度があると思う。人間が自分の肉体のみならず、自分の魂まで進んで危険にさらすことがなくなる時、もはや人類には大きな希望は残されていないであろう。政治には誘惑が、様々な危険や堕落がつきまとっているにもかかわらず、政治とは、およそ人間の選択できる職業の中で最も崇高な職業であると私は思っている。

6 科学上の難問題について

　人間に解決を迫る難問題は、いつの時代にも次から次に生まれてきて、その種が尽きることはないのですが、かかる問題は大きく2つの種類に分けられるようです。そのひとつが科学上の問題です。次の英文の筆者の意見を聞いてみることにしましょう。そして次に精密で正確な散文を読んでみましょう。

■ 1 科学上の「難問」

　① The world is full of unsolved problems—which give it part of its charm and interest, and there is no prospect of the supply running short. ② Some of these unsolved problems are scientific, and he is rash indeed who will call any of them insoluble. ③Many of the insoluble problems of our forefathers have their solutions stated in our textbooks, and Science is still very young. ④ Moreover, some of the very difficult unsolved problems are already being nibbled at by scientific methods, which in itself is hopeful.

　❶ **The world is full of unsolved problems**「世界は[この世は]未解決の難問題に満ち満ちています」。

　—which give(V) **it**(O₁) **part**(O₂) **of its charm and interest** which の先行詞が problems であることは、give という動詞が示しています。先行詞は前文の内容と取りたくなる人もありそうですが、give の主語が単数であれば動詞は gives になるはずです。

　it もその次の its も the world を受けている代名詞。「この難問題が、この世界に、この世界の魅力と面白さの一部を与えてくれているのである」→「この難問題があればこそ、この世[世界]は、魅力ある、また興味津々たる世界にもなっているのである」。

この世が未解決の難問題に、解きえぬ謎に満ちているがゆえに、この謎を解こうとする知的興味と努力が生ずるのであり、これが秀れた人間の生き甲斐となり、最高の知的快楽になるのであって、この世が魅力ある、興味津々たる世界になる理由のひとつでもあると言っているのです。

part（一部）を訳文に生かすために、私は「...世界に<u>も</u>なっている」と「も」の1字を付け加えました。

and there is no prospect of the supply running short　run short（不足する、尽きる）→ running short「尽きること」。

the supply「その供給、つまり難問題の供給」は、動名詞 running short の主語として機能しています。そして前置詞 of の目的語は、the supply ではなく動名詞 running short であることに注意すること。

> *cf.* It ended **in** the doctor **being sent** for.
> それは［その事件は］医者が呼びにやられることで、けりがついた。

「そして、この難問題の種が［供給が］尽きるおそれは［見込みは］将来も全くないのです」。

人間が人間として存続する限り、未解決の問題の種は尽きることなく生まれてきて、それゆえにこの世は永遠に魅力ある、興味津々たる世界であり続けると言うのです。

❷ **Some of these unsolved problems are scientific (problems)**　この主語の <u>Some</u> は、最終的に処理しましょう。「こういう未解決の難問題の中には、科学上の問題もあります」。

> *cf.* **Some** say this and **some**［others］say that.
> こういう人も<u>あるし</u>、またああいう人もある。

and he is rash indeed who will call <u>any of them</u>(O) <u>insoluble</u>(C) この he は who 以下のタイプの人間を代表している he です。he ... who＝the one ... who ...、anyone ... who ...。

> *cf.* **He who** is born a fool can not be cured.
> 生まれついての馬鹿を治す［につける］薬はない。

rash「〔形〕軽率な、無分別な」。any of them の them は scientific problems を受けます。「それらの［科学上の難問題の］中のどんな問題であろうと」。insoluble は目的格補語の形容詞「解決不可能な」。

さて②を試訳すると「こういう未解決の難問題の中には科学上の問題もあります。そして科学上の難問題の中のどんな問題でも、これは解決不可能であると言い切ろうとする人は、実に軽率な人なのです」。さあ、この筆者は、なぜ「軽率な、無分別な人なのです」と言い切っているのでしょうか。

❸ **Many of the insoluble problems of our forefathers**「私たちの祖先たちにとっては解決不可能であった難問題の中の多くは」。この sentence の主部であり Many (problems) が主語ですが、この Many も②の Some と同じように最終的に「数多くある、少なくない」と処理しておきます。

have their solutions stated in our textbooks は have＋目的語＋過去分詞で、この have は使役(...させる、...してもらう)、受け身(...される)の働きをする have ですが、この context では「その解答が述べられている」と受動態を作るように機能しています。

---

cf. He **had** his hat blown off.
彼は帽子を吹き飛ばされた。
I **had** no money left in my pocket.
私のポケットには一円のお金も残されては［残っては］いなかった。

---

in our textbooks「私たちの教科書の中に、子供の教科書の中に」。**and Science is still very young**「それに科学という学問は、(生まれてから間もない)まだとても若い学問なのです」。

Science が大文字で始まっているのは、これを擬人化しているからで、学芸の神々の中ではごく最近に生まれたもの、まだ **young** な(うら若い)学問だと言うのです。西欧の世界に自然科学が誕生したのは、僅々数百年以前のことに過ぎず、人類の長い歴史の中では最近のことと言ってよろしいのです。

③の試訳、「私たちの祖先にとって解決不可能であった難問題の中には、今日それに対する解答が、子供の教科書の中に記述されているものが沢山あるのであって、それに科学という学問は、まだ生まれて間もないとても若い学問なのです」。

❹ **Moreover**「さらに、その上」。**some of the very difficult unsolved problems**「極めて難しい未解決の難問題の中のいくつかは」。この some もこの sentence の主語ではありますが、この処理は、②の some と同様です。「... のものもある」と最終的に訳出します。

some ... are already being nibbled at by scientific methods nibble at「少しずつ噛んで食べる[かじる]」→「少しずつ手をつける」。「すでに科学的方法によって、少しずつ手をつけられている難問題もいくつかある」。

, which in itself is hopeful この which の先行詞は前文の内容であって、科学的方法によって、すでに少しずつ手をつけられている、研究が開始されていることを受けている主格関係代名詞です。

in itself「それ自体が、もうそれだけで」。**hopeful**「前途に明るい希望が持てる」。

④の試訳。「さらに極めて難しい未解決の難問題の中には、すでに科学的方法によって少しずつ手をつけられているものもあって、(科学的方法によって手を付けられていることは)もうそれだけで、前途に明るい希望を持てるのであります」。ここでも筆者は、どうしてこうはっきりと、希望が持てる、と言い切れるのでしょうか。

さて、このあたりで私の全訳を参考にして、改めて考えてみて下さい。科学上の難問題は、それがどんな問題であろうと、解決不可能であると断言する人は、軽率な人、無分別な人だと言い切っていたことも思い合わせて下さい。この筆者は人間の提起する難問題の中で、科学上の難問題を他と切り離して別個に考えています。

たとえば人間はなぜにこの世に生まれてきたのか、人生の意義とは何か、また善とは何か、悪とは何かとか、こういう種類の問題、人生の抜本的な諸問題は、科学上の問題にはなりません。こういう問題は、哲学上の、宗教の、文学の取り扱う問題としてすべて切り捨てることによって、問題の範囲を、探求の対象を、客観的に観察し観測できるもの、数量に置換でき、実験によって証明し理論に、科学的法則に還元できるものだけに注意深く限定することによって、初めて驚くべき成果を収めえたのが、自然科学という学問であるからです。従って解決可能な問題だけを取り上げることが科学の本領であるとも言えるのであって、科学が少しずつ手をつけはじめたということは、それが解決可能な難問題であるからにほかならず、筆者の言うように、「もうそれだけで、未来に明

るい希望を持ちうる」と言うことができるのです。

　たとえば、現代の医学上の難問題、癌もエイズも、やがて解決される日が必ず来るでありましょう。しかし科学が取り上げることのない人類の難問題も、哲学と文学の、また宗教の取り扱う対象として、人類が存続する限り、その種が尽きることなく、従ってこの世界は、永遠に魅力ある興味津々たる舞台であり続けるであろうというのです。どうやらこの筆者はいかなるペシミズムにも陥ることのない、肯定的で楽天的な人生観の持ち主であるように推定される文章でありました。

[全訳1]

　　この世界は、未解決の難問題に満ち満ちています、そしてこの難問題があればこそ、この世は魅力ある、興味津々たる世界にもなっているのであり、そしてこの難問題の種が尽きるおそれは、将来も全くないのであります。こういう未解決の難問題の中には、科学上の難問題もあるのであって、科学上の難問題はどんなものでも、これは解決不可能であると言い切る人は、実に軽率な人なのであります。私たちの祖先の人々にとって解決できなかった難問題の中には、今日子供の教科書の中にその解答が示されている例は数多くあるのであって、それに科学は、まだ生まれて間もない実に若い学問なのです。さらに極めて難しい未解決な問題の中には、すでに科学的方法によって少しずつ手をつけられているものがいくつもあって、科学が手をつけはじめていることだけでもう前途に明るい希望が持てるのであります。

　精密な観察を正確に表現する秀れた散文の一例を読んでみましょう。日本語でものを書く場合にもよきお手本になると思いますので。

■ 2 蜘蛛の生態の観察

　①I noticed that spiders were generally most intelligent in escaping, and did not, like cockroaches and other insects, take shelter in the first hiding place they found, only to be driven out again, or perhaps caught by the advancing army of

56

ants. ② I have often seen large spiders making off many yards in advance and apparently determined to put a good distance between themselves and the foe. ③ I once saw one of the false spiders standing in the midst of an army of ants, and with the greatest circumspection and coolness, lifting, one after another, its long legs, which supported its body above their reach. ④ Sometimes as many as five out of its eight legs would be lifted at once, and whenever an ant approached one of those on which it stood, there was always a clear space within reach to put down another so as to hold up the threatened one out of danger.

❶ **most intelligent in escaping**「逃げ方がいちばん上手で[巧妙で]」。 intelligent in ...「...において頭がよい→...が巧妙で[上手で]」。

like cockroaches and other insects「ごきぶりや他の昆虫のように」。 **take shelter**「避難する、逃げこむ」。**in the first hiding place (that) they found**「見つけ出した最初のかくれ処に」。→「かくれ処が見つかり次第早速そこに」。

only to be driven out again, or perhaps caught by the advancing army of ants take shelter にかかる副詞句ですが、ここでは take shelter (逃げこむ)ことから生じた結果を示すように働いています。

> *cf.* He went to the seaside **only to** be drowned.
> 彼がその海岸に出かけたのは、まるで溺れに行ったようなものだった。

逃げこんだ、結果は to be driven out again (またもや追い出される)か or (もしくは)、perhaps (to be) caught (恐らくは捕らえられる)ことには **did not** (ならない)と続いています。この did not は take shelter (逃げこんだ)結果、...されることにはならないと、結果をも含めて否定しているのです。

by the advancing army of ants「押しよせる蟻の大群によって」。

❷ **I have often seen**「私はしばしば見たことがある」。have seen の目的

語 **large spiders**（大きな蜘蛛たち）には、現在分詞 **making off**（逃げ出して）
と、過去分詞 **determined**（決心している）とが目的格補語として続いている第
5 文型、SVOC の sentence です。

in advance「前方に、先に」。**apparently**＝seemingly「見たところでは、ど
うも ... らしい」。

to put a good distance between themselves and the foe deter-
mined にかかる副詞句。good＝（形）enough *or* sufficient（十分な）。「自分
たちとその敵［蟻の軍勢］との間に十分な距離を置いておこうと」。

②を試訳しますと「私は大きな蜘蛛たちが、何ヤードも前方に逃げ出して、自
分たちとその敵との間に十分な距離をあけておこうと決意しているとしか思え
ない情景をしばしば見たことがあるのです」。

❸ **I once saw one of ... above their reach** これも②と同じ第 5 文型の
sentence、saw（V）＋one（O）＋standing（C₁）... and ... lifting（C₂）。目的格
補語は standing と lifting の 2 つでともに現在分詞です。

the false spiders「欺し上手の蜘蛛」。false＝deceptive、treacherous。

with the greatest circumspection and coolness「この上もない細心な
注意と冷静さでもって」は lifting にかかる副詞句。**one after another**「次
から次に」。**which supported its body**「その体を支えている」は **its long
legs**「その長い（8 本の）足」にかかる形容詞節。

above their reach＝out of the reach of them「蟻の手が届かないところ
に」。lifting にかかる副詞句ですが、ここでは結果的に、「持ち上げて、蟻の手
が届かないようにしている」と処理しましょう。

---

cf. Riches and fame are **above**［**beyond**］our reach.
　　富貴と名声は、私たちの手の届かない［望めない］ものだ。

---

③の試訳「ある時など、そういう欺し上手の蜘蛛の一匹が、蟻の軍勢の真唯
中に突っ立って、この上もない細心な注意と冷静さをもって、その体を支えて
いる長い足を、1 本また 1 本と次々に持ち上げて、蟻の手が届かないようにし
ているのを私は見ました」。

❹ **as many as five out of its eight legs**「その 8 本の足の中の何と 5 本
までの足が」。as ... as の次に数詞の目的語が来るとその数を強調する気持ち
が出てきます。

> *cf.* **as often as** five times a week
> 　1 週間になんと 5 回も
> **as early as** 12th century
> 　なんと早くも 12 世紀に

at once「同時に」。**would** は、そういうことも「よくあった、珍しくなかった」で used to に接近している、過去の習慣・反復を示す would です。

whenever an ant approached...「蟻が近づいてくる時はいつでも」。there was にかかる副詞節。

one of those on which it stood「蜘蛛がそれを支えにして立っている（3本の）足の 1 つに」→「その蜘蛛の体を支えている 3 本の足の 1 つに」。

a clear space の clear は「敵のいない」。「蟻のいない空間が」。**within reach**「(足の)届く範囲内に」。**to put down another** (leg) は、a clear space にかかる形容詞句、「別の足を降ろすための」。

so as to hold up the threatened one「その脅威にさらされた足を持ち上げるために」。so as to...(...するために、...するように)は目的を示す副詞句で put down にかかっています。

out of danger「危険を脱する」は hold up (持ち上げる)動作の結果を示す副詞句で「...脅威にさらされた足を<u>持ち上げて危険を脱するために</u>」と処理しましょう。

この蜘蛛の生態に関する観察は尾崎一夫の名作『蟲のいろいろ』の中に登場する蜘蛛の描写をおのずと思い出させます。それは一読に価する尾崎一夫のまさに伝神の筆ですが、この英文には文才に恵まれた博物学者の目を感じます。鋭い観察力と観察の対象を生き生きと正確に描き出す表現力は、この一文を厳密な散文のお手本にしていると思います。

［全訳 2］

　蜘蛛が一般に逃げ方が一番上手であって、ごきぶりや他の昆虫のように、かくれ処が見つかり次第早速そこに逃げこんで、その結果は押しよせてくる蟻の軍勢によって、またそこから追い立てられたり、あるいは恐らく捕らえられる破目にはならないことに私は気づきました。大きな蜘蛛が何ヤードも前方にさっさと逃げ出して、自分たちと敵との間に十分な距離を空けておこ

うと決意しているとしか思えない情景を、私はいく度も見たことがあるのです。ある時など、そういう欺し上手の蜘蛛の一匹が、蟻の大群の真唯中に突っ立っており、そしてこの上もない細心の注意と冷静さでもって、その長い足を、体を支えている8本の足を、次から次に持ち上げて、蟻の口が届かないようにしているのを私は見ました。時には、その8本の足の、何と5本までもが、同時に持ち上げられていることも珍しくはなかったのです。そして蟻の1匹が、蜘蛛の体を支えている3本の足の1本に近づいてくる時にはいつでも、その脅威にさらされた足を持ち上げて危険を脱するために、別の足を降ろすための空間が、敵のいない空間が、足の届く範囲内に、常に必ずあったのであります。

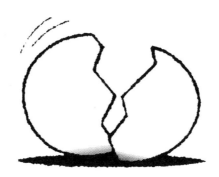

7　話す才能と書く才能 ━━━

　しゃべる才能と、書く才能、肉声による伝達能力と、文章による表現能力と、皆さんはどちらを豊かに持っているでしょうか。この2つのの才能に関する一般的な考察をひとつ、ついで、上手にしゃべる才能が自分に欠如していることを嘆く、個人的な感想をひとつ、じっくりと読んでみましょう。

■ 1 ━━━━━━━━━━━

　①It is a common observation, that few persons can be found who speak and write equally well.　Not only is it obvious that the two faculties do not always go together in the same proportions: but they are not unusually in direct opposition to each other.　②We find that the greatest authors often make the worst company in the world; and again, some of the liveliest fellows imaginable in conversation seem to lose all their vivacity and spirit the moment they set pen to paper.

❶ **a common observation**「よく言われていること」、observation はここでは「(観察結果から生まれる) 意見や判断」。

> *cf.* "It will rain," he **observed**.
> 「雨が降るでしょう」と彼は言った。

　few persons can be found who speak and write equally well「話すことも、書くことも同じくらい巧みな人はほとんど見出すことはできない」。
　Not only is it obvious that ... but they are ... to each other は not only ... but (also) の係り結びを見落とさぬこと。「...であるのみならず ...もまた」。not only が文頭に出たために、これに引っ張られた動詞 is が前

61

に出て is it obvious と倒置法になっています。it は that 以下の内容を示す形式主語。**the two faculties**「その２つの能力、しゃべる力と書く力」。**go together**「同行する、相伴う、共存する」。**in the same proportion**「同じ割合[比率]で」。**not unusually** = usually。**not always**「必ずしも...しない」。**are in direct opposition**「真向から対立する」。**to each other**「お互いに相手に対して→互いに」。

❷ **the greatest authors**「最も秀れた作家たち→作家としてどんなに秀れた人であっても」。

> *cf.* **The wisest man** can sometimes make a mistake.
> どんな賢人でも、時に誤りを犯すことはあるものだ[弘法にも筆の誤り]。

often make the worst company「話し相手としては、最も退屈でつまらぬ人になることが多い」。この make は自動詞のように「(結果として)...<u>になる</u>」と処理しなければならない他動詞。

> *cf.* He will **make** a great musician.
> 彼は秀れた音楽家になるだろう。

the worst company「最悪の仲間→話し相手としては最もつまらない人」。**and again**「また、さらに」、**the liveliest fellows imaginable in conversation** imaginable は、最上級の形容詞をさらに強調したい気持ちの時に possible と同じようによく付加されます。

> *cf.* This is **the best** method **imaginable**.
> これが(考えられる)最善の方法だ。

「話をさせたら、どんなに光彩陸離たる話術の達人であっても」。**the moment**... は、the instant (= as soon as)と同じように接続詞として機能します。

> *cf.* I started **the moment**[**the instant**] I heard it.
> それを聞くや否や、私はすぐに出発した。

さて、上手に話す力も上手に書く力も人間の得難い才能ですが、この両者を兼備している人が稀であることは、たしかに a common observation（よく言われること）です。すぐれた作家の話が訥弁で意外につまらなかったり、話の達人の文章が意外に生彩を欠いたりすることは珍しくありません。肉声によって伝達する才能と文字を媒体にして伝達する才能が両立できる例は少ないのですが、どちらも優劣をつけがたい、どちらも得がたい才能であると申せましょう。釈尊やキリスト、ソクラテスなどは、肉声による伝達の領域において人類の最高の天才であったと申せましょう。孔子もまたしかり、すぐれた教師にはこのタイプの人が多いようです。

［全訳１］

　話すことも書くことも同じくらい巧みにできる人は、ほとんど見出せないとは一般によく言われていることである。この２つの才能が同じくらいの割合で共存するとは限らぬことは明らかであるばかりではなく、この両者が互いに真向から対立している例も珍しくはないのである。作家としてどんなにすぐれた人であっても、話し相手としてはこの世で最もつまらぬ人になることが多いし、またさらに、話をさせればどんなに光彩陸離たる話術の達人であっても、ひとたび筆を取るや否や、その持てる活気も熱もたちまち失ってしまうように思われる人もあることに私たちは気づくのである。

2

　①It seemed to me to be impossible that I should ever become a good speaker. I had no special gifts that way, and had not studied the art early enough in life to overcome natural difficulties. ②I had found that, with infinite labor, I could learn a few sentences by heart, and deliver them, monotonously indeed, but clearly. Or, again, if there were something special to be said, I could say it in an ordinary fashion, —but always as though I were in a hurry, and with the fear of being thought to be wearisome. ③ But I had no power of combining, as a public speaker should always do, that which I had studied with that which occurred to me at the moment.

❶ **It seemed to me to be impossible that** ... it ...that ... の構文です。「that 以下のことは、私には不可能なことに思われた」。**I should ever become a good speaker** この **should** は判断を示す（ここでは impossible）従属節の that 以下にあらわれる should です。

> *cf.* It was natural that he **should** fall sick.
> 彼が病気になるのは無理からぬことであった。

a good speaker「話の上手な人、演説の達人」。**that way**＝in that way「その方面では、話す方では」、had にかかる副詞句。**and had not studied the art**「またその芸[上手に話す技術]を研究して身につけもしなかった」。

early は had not studied にかかる副詞で、この副詞にさらに **enough** という副詞がかかり、enough は to ... 以下としっかり結びついています。**early enough in life to overcome**「...を克服できるほどまだ若い[早い]時期に」、enough to ...「...するに充分なほど」、enough という形容詞、あるいは副詞は、しばしば to ... 以下と係り結びになっていて、時には何行も後に to 以下が待っていることもありますから、enough を見たら to 以下が付いていないか確かめること、これは sufficient(ly) の場合も同様です。

natural difficulties「生得の[持って生まれた]障害」、この difficulties＝obstacles で、複数になっています。生まれつきの吃り（どもり）であるとか、すぐに上って（あが）言葉が出なくなるとか、そういう障害を指しているのでしょう。これに早く気づいて、たとえば中学校で弁論部に入り、発声練習や人前で話す訓練を重ねて、この話す芸を習得する努力も自分はしなかったと言っているのです。

❷ **I had found that** ... 過去完了の時制ですね。「つとに」「前々から」などの副詞を加えて過去完了の時制を訳文に生かしましょう。「つとに気づいていたのですが」と頭から訳していきます。**with infinite labor**「無限の努力をす

64

れば、大骨折って努めれば」、learn . . . by heart「暗記する、空（そら）で言う」、
deliver「伝える、話す」、monotonously indeed, but clearly この but は
2つの副詞を連結している接続詞です。「全く一本調子に、しかし明晰に」。ど
ちらも deliver にかかる副詞。

Or, again「また、さらに［それだけではなく］」。if there were something
special to be said, I could say it in an ordinary fashion　if 節の動詞
は過去、さらに主語 something special（何か特別なこと）は単数なのに were
になっています。そして主節の述部は could say で助動詞の過去＋動詞の原形
になっています。典型的な subjunctive past の sentence です。「何か言わな
ければならない特別なことがあれば、人並みな言い方で［あまりパッとしない言
い方で］伝えることはできましょう」

— but always as though I were in a hurry, and with the fear of
being thought to be wearisome.　as though 以下の副詞節も and に続く
with 以下の副詞句も、どちらも構文的には in an ordinary fashion と同じよ
うに I could say の say にかかっています。つまり直訳すると「私はそれを人
並みの言い方で、しかしあたかも急（せ）いているかのように、そして（相手に）退屈
であると思われはしないかという怖れを抱きながら言うことはできましょう」
となりますが、しかしコンマ（コンマ）で切り、わざわざ——（ダッシュ）までつけているのは、ここでひ
とつ間を置いて、筆者はこの語順どおりに考えつつ書いていることを示してい
るのであり、次のように継続的に訳出しなければなりません。「私はそれを人並
みの［あまりパッとしない］言い方で伝えることくらいはできましょうが、しか
しいつもまるで急（せ）いているかのような口調になるのであり、また（相手から）退
屈であると思われたりはしないかと怖くなるのです」

---

cf. You may go out if you will, but with your mother's permission.
　行きたければ行ってもよいが、しかしお母さんの許しは得るのですよ。

---

❸ But　何に対して、しかしと受けているのでしょうか。I could say it に
対してですね。そのくらいのことは言えるが、しかし、と受けているのです。

I had no power of combining「私には結合する能力がなかった」、com-
bine A with B「A を B と結合する」。that which I had studied「私があら
かじめ研究し、おぼえてきたこと」が A に当たり、that which occurred to

me at the moment「(話している過程の)その時々に、私の脳裡に浮んできたこと」が B に当たります。この A と B とをうまく結びつける能力が私にはなかった、と言うのです。**that which**＝what。**, as a public speaker should always do** as は関係代名詞として機能しており、先行詞は the power で have の代動詞 do の目的語になっています。**a public speaker**「壇上に立って演説をする人」。should は義務、当然を示す助動詞。「壇上に立って演説をする人は、常にこの能力を持っていなければならないのですが」。

　さてこの一文の筆者は、自分には上手に話す弁舌の才能が欠如していることを告白し、その理由を述べながら、雄弁という芸の核心と思われるものに触れています。あらゆる speech の成功は、あらかじめ研究し準備してきた話の中に、それを話している過程において、次々に脳裡(のうり)に浮かんでくる思念や思いつきをどのくらい自然に挿入し融合させていくことができるかにかかっています。聴衆の反応が話し手に、本題と関係のある新しい着想や表現を呼び起してくれるのです。speech の成功には、話す人と聞く人との合作という性質があるようです。そしてこの筆者が、話す才能の欠如を嘆きながら、ものを書く芸には自負心をかくさない作家であることも、行間から読み取れると思います。

［全訳 2］

　私が弁舌の達人になることは絶対に無理なことと私には思われました。そちらの方では、何ら特別な才能が私にはありませんでしたし、また持って生まれたいくつかの障害を克服できるほどまだ若い時期に、この話す芸を習得する努力もしなかったからです。つとに気づいてはいたのですが、私だって、骨折って努めれば、わずかの文章を暗記して、それを全く一本調子ではありますが、しかしはっきりと伝えることはできるのです。またさらに、特に言わなければならぬことがあれば、それを、人並みの言い方で伝えることもできましょう、でも、決まって急(せ)いているかのような口調になり、また(相手に)退屈な人だと思われはしないかと不安になるのです。(そのくらいのことはできるのですが)しかし私には、あらかじめ研究し準備してきた話と、話しているその時々に脳裡に浮んできたものとを結びつける能力が、壇上に立って演説する人は常にこの能力を持っていなければならないのですが、全く欠けていたのでした。

8 英詩2題（文学鑑賞）

すべての言語のいわば精髄（essence）といってよいものが詩です。英詩の小品を2つ紹介します。韻律とか脚韻とかそんなことは一切考えずに、まず必ず声を出して好きなように音読して下さい。詩人の伝えようとする経験は、言葉の意味からだけではなく、言葉の音のリズムからも伝わってくるからです。この詩の作者クリスチナ・ロゼッティは、当時18歳の処女でありました。第二の作者は18世紀末に書かれた，William Blake の小品です。

1 Song　　Christina Rossetti

① When I am dead, my dearest,
　　Sing no sad songs for me;
　Plant thou no roses at my head,
　　Nor shady cypress tree:
　Be the green grass above me
　　With showers and dewdrops wet:
　And if thou wilt, remember,
　　And if thou wilt, forget.

② I shall not see the shadows,
　　I shall not feel the rain;
　I shall not hear the nightingale
　　Sing on as if in pain:
　And dreaming through the twilight
　　That doth not rise nor set,
　Haply I may remember,
　　And haply may forget.

❶ When I am dead, my dearest,
　　Sing no sad songs for me;

　sing 以下が主節で、命令形の sentence です。第1行の when 以下は sing に
かかる副詞節。my dearest「私のいちばん愛しい人よ」。これは恋人への呼び
かけで呼格の名詞。「私がこの世を去りましたら、いちばん愛しいあなた、私の
ために悲しい歌は歌わないで下さい」私のための挽歌も悲歌もご無用にして下
さい、とこの18歳の女性は、恋人に語りはじめます。

　そして、次に私の墓には？

Plant thou no roses at my head,
　　Nor shady cypress tree:

　これも命令形の sentence。plant「植える」。thou＝you（主格）の古形。命令
文の中では通常かくれている主語の you が表に出てきた一例です。at　my
head「私の墓碑の前に」。head＝head stone, grave head。shady cypress
tree「影くらき絲杉の木」。

　cypress（絲杉）は yew tree（イチイの木）とともに、ヨーロッパでは、ギリシ
ャ・ローマの昔から墓地に植えられることが多く、従って悲哀の象徴となり、こ
れが詩歌の中に登場すると、ただちに墓地と死の連想を生ぜしめるのが、文芸
の伝統的な約束事のひとつになっている木であります。密な簇葉の濃い緑は
黒々として、これを見る人の心を沈鬱な内省へとおもむかしめるところに、墓
地にふさわしい木となった一因があるのかもしれません。

　ゴッホの自殺前の絵に、この木が、迫り来る死を予示するかのように、しば
しば描かれています。「私の墓碑の前には薔薇の木も、また影くらき絲杉の木も
植えないで下さい」。

　そして私の亡骸の上には？

Be the green grass above me
　　With showers and dewdrops wet:

　これを書き直すと、Let the green grass be wet with showers and
dewdrops. S＋V＋O＋C の第5文型ですね。これも命令文ですから主語の
you はかくれています。「私の上には、緑の草が俄雨や朝露夕露に、ただ濡れる
がままにしておいて下さい」。

　with の前に置かれるべき wet が行末に回されたのは、この第1連の第8行
の末尾の forget に合せて脚韻を作り上げるためです。

68

And if thou wilt, remember,
　And if thou wilt, forget.

これも命令形の sentence。if thou wilt＝if you will＝if you want。

> *cf.* You may go out **if you will**.
> 　外出したければ、外出してよろしい。

「そして思い出したければ思い出して下さい、お忘れになりたいならば、忘れて下さい」。以上、この8行からなる第1連は、自分が死んだ場合を想定して、愛しい恋人への願いを歌っています。

まず、悲しい歌を歌ってはくれるな、わが墓所を美しく装ってくれる薔薇の木も、悲哀の象徴、黒々とした影を落とす絲杉の木も植えないで下さい、ただ緑の草が生い茂り、雨や露に濡れるがままにしておいて下さい。ただ自然にまかせて、思い出したければ思い出して下さるもよし、忘れたければ忘れて下さるもよし、とこの18歳の少女は、最愛の人がわが死を嘆き悲しむことを怖れています、いや拒否しています。この拒否、挽歌や悲歌はイヤ、薔薇も絲杉も要りませぬ、ただ草生い茂り、雨に濡れ露に濡れて、すべて自然にまかせて、おのずから消え去るものは消えるにまかせ、もしおのずから残るものあれば残るにまかせてそれでよしというこの姿勢には既にこの女性の目指そうとする方向がほのかに窺われるではありませんか。

Forget me not!「私を忘れてくれるな」、俗謡にある「私が死んでも忘れちゃいやよ」とは対極に立つこの18の処女の願いには、何やらひそかな強い意志の力が感じられませんか。

このうら若い女性は、人事のはかなさを、どのような人の誓いをも空しいものにする無常の風を、既によく知っているのです。そしてこの認識にはセンチメンタルな要素は全くないのです。このように愛する人に願い頼んで、さて、この世を去った私はどう致しましょうかと自問自答しつつ、私はこうしましょうと愛する人に告げているのが the second stanza（第2連）であります。

❷ **I shall not see the shadows,**
　I shall not feel the rain;

ここでは、ただ the shadows にも the rain にも定冠詞の the が付いていることに注意して下さい。いずれも「あの影」であり、「あの雨」なのであって、この女性が、いまその目で見ている影であり、いま肌で感じている雨でありま

す。これで見収めと思えば、ひとしお懐かしく目に映る影を、肌にしみる雨を、もう私は2度と再び見ることはなく、肌に感ずることもなくなるのでしょう。だって私は死の国に、あの世に行ってしまうのですから。

　どうやら時刻は夕暮れのようで、この影は次第に濃くなる夜の影でもありましょうか。そして外では、しめやかに雨が降っており、その雨の中でナイチンゲールが鳴いているのです。

I shall not hear the nightingale

　Sing on as if in pain:

　ここは hear the nightingale sing on . . . と連続させて読みます。第5文型ですね。

　as if (**she were**) **in pain:** sing on にかかっている副詞節ですが、その主語と述語動詞が省略されています。as if . . . は仮定法の副詞節ですから she were を挿入しましょう。「あのナイチンゲールが、まるで苦しんでいるかのように歌い続けているのを、私はもう聞くこともなくなるのでしょう」。

　nightingale「夜鴬、小夜啼鳥（さよなきどり）」。日本のほととぎす、鴬と同じように、ヨーロッパの詩歌の世界で最もよく歌われてきた鳴鳥ですが、日本には棲息していません。春夏の夕暮、夜明に、また月明りの夜に鳴くのがこの鳥の雄の特長で、古くはギリシャ・ローマの神話の時代から、詩人たちは、この鳥の美しい鳴き音を、その作品の中に織り込んできました。イギリスではシェイクスピアの『ロメオとジュリエット』あるいはキイツの絶唱『ナイチンゲールに寄せる頌歌（オード）』ドイツではゲーテ、特にハイネなど、この雀よりやや大きく、羽根の色は淡茶の、姿、形はいかにも地味なこの小鳥を歌って、これをヨーロッパを代表する名鳥とした詩人と作品は、実に枚挙の暇（いとま）がないほどであります。

And dreaming through the twilight

　That doth not rise nor set,

　the twilight「あの薄明りの世界」。2音節の最も響きの美しい名詞ですね。that＝which で主格関係代名詞。先行詞はもちろん twilight です。doth は does の古形。dreaming through the twilight「その薄明りの［微明の］世界を、私は夢見つつ通り過ぎながら」。

　現在分詞の dreaming は副詞として機能しており末尾の第7、第8行の述語動詞 remember と forget にかかっています。

　that doth not rise nor set「日が昇ることもなく、また沈むこともない」。

70

the twilight（薄明りの世界）を修飾する形容詞節です。どうやらこの詩人は、自分がこれから往く死後の世界を、薄明りの、どこまでも続く微明の世界と想像しているのですね。

　この 2 行は、第 1 連の第 5、第 6 行とともに最も poetical で美しい詩行です。twilight は文字どおりに、日の出前の、あるいは日没後の薄明りをイメージすればそれでよいのですが、limbo（リンボー）を、さらに purgatory（浄罪界）を連想することも許されましょう。

Haply I may remember,
　And haply may forget.

　haply は perhaps の古形。「ことによると［ふっと］私、思い出すかもしれませんし、また、ことによると忘れるかもしれません」。もちろん you（あなた）を、my dearest を、であります。

　さて、第 1 連では愛しい人に対して、思い出したければ思い出してくれ、忘れたければ忘れて下さいと告げたこの人は、自分もあの世で、どこまでも続く薄明りの世界と思い描いている別世界で、あなたのことを思い出すかもしれぬし、忘れるかもしれぬと、相手の恋人に対してだけではなく、われとわが心に対しても呟くように、どこかためらいつつ言い聞かせています。

　この詩人は、年若いのに、なんと「去るものは日々に疎し」という諺の意味をよく知っていることでしょうか。忘れてくれるな、という願いも、君のことは忘れぬという約束も、ひとたび相手が視界から消え去れば、時の推移とともに忘れ去られていくことを、「去るものは日々に疎し」とは人生の鉄則のひとつであり、非情な真実ではあるが、またそれなるがゆえに人間はどうにか生きていけるのであり、忘却することは人間が生きるための必要条件でもあることを、何とよく心得ていることでしょうか。

　しかしこの認識は人生の無常にかかわる単なる諦観ではありません。自分の死を悲しんでくれることを拒否し、そして、なべて滅びるものは滅びよとまで言いたげな語調の中に一種微妙な哀感が漂っていて、それがクリスチナ調とも呼ぶべきリズムを作り出していますが、「去るものは日々に疎し」というこの詩人の認識、常住不変なるものはこの世に存在しないという認識には、既に常住不変なるもの、永遠なるものの存在が措定されているのです。そしてこの永遠なるものに対する憧憬と祈念が、この小曲の深部を統一し支配している主題であり、去るものは日々に疎くなる、そういう現象の世界から離脱して実在の世

界へおもむこうというひそかな決意が、この小曲を一少女の感傷ではないものに、19世紀末の最も秀れた宗教詩人の自立と出発の歌にしているのです。

［全訳 1］

歌　　クリスチナ・ロゼッティ

① 私がこの世を去りましたら、いちばん愛しいあなた、
　私のために悲しい歌は歌わないで下さい。
　私のお墓には、植えないで下さい
　薔薇の木も、影くらき絲杉の木も。
　私の上には青草茂り、俄か雨や朝露、夜露に
　ただ濡れるがままにしておいて下さい
　そして思い出したくなれば、思い出して下さい
　お忘れになりたければ、忘れて下さい。

② 私は見ることもなくなるでしょう、あの影を、
　肌に感ずることもなくなるでしょう、あの雨を。
　あの小夜啼鳥（ナイチンゲール）が、まるで苦しんでいるかのように
　歌い続けているのを聞くこともなくなるでしょう。
　そして明けることがなく、暮れることもない
　あの薄明りの中を夢見つつ過ごしながら、私、
　あるいは、思い出すかもしれませんし、
　そして、あるいは、忘れるのかもしれません。

■ 2 The Little Boy Lost　　William Blake ──

① "Father! father! where are you going?
　O do not walk so fast.
　Speak, father, speak to your little boy,
　Or else I shall be lost."

② The night was dark, no father was there;

The child was wet with dew;

The mire was deep, and the child did weep,

And away the vapour flew.

❶ 第一連の 4 行は quotation mark で括られていて、直接話法で書かれています。**a little boy**（一人の少年、男の子）が父に対して、必死になって訴える、話しかけている声がそのまま写されているのです。

Father! father! where are you going?「お父さん、お父さん、何処（どこ）に行くの？」。父がいま何処に行こうとしているのか、この子にはわからない、ただ取り残されまい、はぐれまいとしてついて歩いているのですね。

O do not walk so fast.「ああ、そんなに早く歩かないでよ」。この父は足早に歩いて行くのでこの子の足ではついて行けない、置き去りにされるのが怖いのです。

Speak, father, speak to your little boy「ものを言ってよ、お父さん、何か言って！　坊やに言ってよ」。しかしこの父は一言も口をきいてはくれない、この子の必死の訴えを黙殺して、ただ何処かへの道を急ぐ、これは子供のいかなる訴えにも黙して答えてくれぬ父、そして間もなく姿を消してしまう父なのです。この子は自分のことを your little boy と言っています。いつも父からそう呼ばれているからです。

Or else I shall be lost.「でないと、ぼく、迷い子になるよ！」。

Or else「（ものを言ってくれないと）でないと」。この一行はもうこの子の悲鳴のように聞こえます。もの言わぬ父の後ろ姿に、この子の足はついて行けなくなってしまいました。

❷ 第二連は、その後の光景の叙述。とうとう父にふり捨てられた少年の状況を一筆で活写した叙景です。ブレイクの心眼が、この光景をまざまざと見ていることが、この簡潔極まる叙景の微妙な陰翳（いんえい）から感じ取れませんか。

The night was dark, no father was there「その夜は暗かった、父はもう居なかった」。

The child was wet with dew「その子は夜露に濡れていた」。4 つの w（ウー）音が連なってこの子の不安と悲哀の気分を伝え、次行の weep にも接続し

ています。

The mire was deep, and the child did weep「泥濘^{ぬかるみ}は深く、その子はえんえん泣いていた」。did は強意の助動詞です。

And away the vapour flew. the vapour「蒸気」→「霧」。「そして夜霧が飛ぶように流れていた」。立ちこめる霧が夜風に飛過する闇の中から泣き叫ぶ少年の声が聞こえてきます。父にふり捨てられ深い泥濘に足を取られ夜霧に濡れしおたれて、この子は何処に行ったらよいのかわからないのです。少年の必死の訴えを黙殺して姿を消した父、置き去りにされた子供の孤立と絶望をブレイクはただ一筆で活写しています。

さて、この子とは誰のことか。この子はその父と再びめぐり合う日はあるのか。この子は、ひょっとすると私のこと、いや皆さんのことではないのか。この詩をそのように受けとめた人に大江健三郎氏があります。西欧世界において父なる神が、ひいては汎世界的に神が、絶対者に対する信仰が足早に立ち去った後の、人間の精神のおかれている現況として、この詩を受けとめているのです。

この作家の『われらの狂気を生き延びる道を教えよ』という長篇の第三部を構成する二章の中の一章「父よ、あなたは何処に行くのか」はその証跡であり、ブレイクが日本文学に及ぼした波動のひとつであります。私たちも実はこの父を見失った「迷い子の少年」でありながら、捨て子であり迷い子である状況が日常化して、それに不安と絶望を感ずることもなくなり、従って泣きわめくこともできなくなっているのではないか、そして、人間ではなく、仔犬のように、鳥のように無心に、ただその日暮らしをしているのかもしれません。

この解説を読んで「黙して答えぬ父」という言葉から遠藤周作氏の名作『沈黙』を思い出される方もあるかもしれぬと、私は期待しています。

［全訳2］

迷子になった少年　　　ウイリアム・ブレイク

「お父さん！　お父さん、何処に行くの？
ああ、そんなに早く歩かないで！
ものを言ってよ、お父さん、何か言って！　坊やに言って！

でないと、ぼく、迷子になるよ」

夜は暗かった、父はもういなかった、
その子は夜露に濡れていた、
泥濘（ぬかるみ）は深くて、その子はえんえん泣いていた。
夜霧が飛ぶように流れていた。

　詩を鑑賞しましたから、文学の世界に入ろうとする初心者に対して、大切な心構えを説く自信にあふれた先生の文章を読んでみましょう。真の教養は常に虚栄心と対立するものですが、文学においては特に自分の心に対する正直さが第一に大切だと私も思っています。

■ 3 自己に対する正直さ ━━━━━━

① The most important thing for you to do as a student of literature is to advise yourself to be an honest student, for in the intellectual sphere at any rate honesty is definitely the best policy. ② If you prefer the poetry of a third-rate poet to that of Shakespeare it is a most regrettable thing, but not so regrettable as your doing so and saying you do just the opposite. ③ If you are not honest with the doctor when you are ill, it may be that instead of curing you he will make you worse. ④ In the same way it is of no use pretending a change in your literary taste is taking place. ⑤ The proper way of going to work is that you should be led on from where you now are to a more advanced position, that you should be shown what is wrong in what you like and how what you do not like may be better. ⑥ You will then turn from the former to the latter not only because you think you ought to, but also because you want to. In a word, your conversion will be real.

❶ **The most important thing for you to do as a student of litera-ture**「文学を研究する者として、あなたがなすべき最も大切なことは」。この sentence の主部。to do 以下は thing にかかる形容詞句。for you の for は、その目的語の you が to 以下の意味上の主語であることを指示します。

is to advise yourself to be an honest student「あなたご自身に（対して）正直な［嘘を言わない］研究者であれ、と忠告することである」。to be 以下は、advise の目的語 youself を意味上の主語とする目的格補語として機能しています。S＋V＋O＋C、第 5 文型の文章ですね。

for［接］「というのは、なぜならば」、**in the intellectual sphere**「知的な領域では→学問、芸術の世界では」。**at any rate**＝at least「少なくとも」。**honesty is definitely the best policy**「正直は最良の方策であることは、はっきりしているからです」。副詞 definitely はこの sentence 全体にかかります。最終的に処理しましょう。

> *cf.* He was **justly** punished.
> 彼が処罰されたのは正しかった。

ところで、at any rate（少なくとも）と、なぜこの副詞句が付いているのでしょうか。恐らく筆者は「正直が最良の政策」として通用しないかもしれぬ領域が、たとえば政治の世界、あるいは商業の世界などがあると考えているからでしょう。しかし学問と芸術の世界では「少なくとも」まさしく掛け値なしに、正直が最良の政策であることははっきりしている、だから正直であれ、自分に対して正直であれと言うのであります。

❷ **If you prefer the poetry of a third-rate poet to that of Shake-speare** の prefer は、比較級の意を含んでいる特殊な他動詞で、「より好む、より愛する」、そして prefer A to B（B よりも A のほうを愛する［好む］→ B よりも A のほうがよいと思う）という形をとり than の代わりに to が置かれるのが普通です。that of Shakespeare の that は代用の指示代名詞で、ここでは poetry の代わりをつとめています。

> *cf.* The climate of Japan is just like **that** of Italy.
> 日本の気候はイタリアのそれ［気候］にそっくりです。

「もしあなたが、シェイクスピアの詩よりも、ある三流詩人の詩のほうを好んでいるとすれば」。

it is a most regrettable thing「それは、大変残念なことであります」と続いています。a most は「極めて、大変」で、最上級の the most と区別すること。

but (it is) not ~~so~~ regrettable ~~as~~ your doing so but の次に it is を補い、さらに so . . . as の係り結びも見落とさないこと。your doing so「あなたがそうしていること」、つまり三流の詩人の詩を好んでいること。

and saying (that) you do just the opposite「それなのに、あなたはそれと正反対のことをしている（＝シェイクスピアの詩が好きだ）と言うこと」。この and は「そして」ではなく、「それなのに」と受けるべき接続詞です。コンテキストによって and も油断のできない接続詞ですね。いつでも前後関係を考えることがいちばん大切なのです。

but 以下の試訳、「しかし、それは（＝三流詩人の詩を好んでいること自体は）あなたがそうしていながら、それなのに、それとは正反対のことをしている（＝シェイクスピアの詩のほうが好きだ）と言うことほど遺憾なことではないのです」。

自分の現在の好みに正直であり、それを正直に告白することの方が、虚栄心から高級な作品を好み読んでいると嘘を言うことよりも、はるかにましなのだと言って、この先生は、学生に対して、正直になってくれ、嘘を言ってくれるな、と、自分を医者に、学生を患者にたとえて強く訴えているのが、次の③であります。

❸ If you are not honest with the doctor when you are ill　be honest with . . .「. . . に対して正直に言う」。be＋形容詞が、時に行為、動作をあらわすことがあります。

> *cf.* Don't **be cruel** to such an insect.
> そういう昆虫に残酷なことをしてはいけない［いじめてはいけない］。

「病気の時、医者に対して正直に（病状を）言わなければ」。

it may be that＝probably *or* perhaps「おそらく、ひょっとすると」。**instead of curing you**「あなたの病気を治してくれる代わりに［治してくれるのではなくて］」。**make you worse**「あなたを［あなたの病状を］さらに悪く

［重く］する」。

❹ **In the same way** (as this)「これと全く同じように［同じことで］」と筆者は自分を医者の立場に擬して、学生に現在の文学上の好みを正直に打ち明けてみよ、そうすれば医者が患者を診断し薬を処方するように、自分も学生に、どうしたらよいか、適切な忠告を与えることができると言うのです。

it is of no use pretending (that) ... it は形式主語で、動名詞 pretending「...のふりをすること、...と偽る［装う］こと」がその内容で、it ...動名詞の形です。「...のふりをしても何の役にも立ちませぬ」。

> *cf.* **It** is no use **crying** over spilt milk.
> ミルクをこぼしてしまったら、あとでいくら泣いても無駄である。
> (諺)覆水、盆に帰らず。

a change in your literary taste is taking place.「あなたの文学上の好みに、ひとつの変化が起りはじめている」。たとえば、最近シェイクスピアのソネットがとても面白くなりかけています、などと虚栄心から嘘を言うことです。

take place＝occur, happen「起る、生ずる」。

❺ **The proper way**「適切な［正しい］方法［やり方］」。**of going to work**「仕事にとりかかる［仕事をはじめる］ことに関する」、the proper way にかかる形容詞句です。つまり「文学の研究にとりかかる適切で正しい方法は」。

is that you should be led on from where you now are to a more advanced position, 接続詞 that 以下は名詞節を作り主格補語として機能しています。S＋V＋C の第2文型。the proper way という主語の中にある proper(適切な)という判断を受けて、以下の that 節の中に出てくる should は It is natural that ... should ... の should と同じ性質のものです。

さて that 以下の文構造は、you should be led on from A to B (あなたが A から B へ連れて行ってもらうこと)、そして A が (the position) where you now are「あなたがいまいる場所［段階］」であり、B が a more advanced position「いまよりも、もっと進んだ場所［段階］」です。on は継続感をあらわす軽い副詞で from A on to B と to の前に移してもよろしいのです。

that you should be shown ... この that 以下も主格補語として働く名詞節、should も前節中の should と同じ判断の should。「あなたが示してもらう、教えてもらうこと」では何を教えてもらうのか、それは後に続く2つの名

詞節の内容を、です。すなわち **what is wrong in what you like**「あなたが好むもの［作品］の中の、何が［どこが］いけないのかということ」と **how what you do not like may be better**。「あなたの好まぬものが、どうして(how)よりすぐれたものとなるのであろうか、ということ」。

　以上2つのことを、しっかりと **be shown**（示し教えてもらう）ことだ、それがあなたにとって適切で効果のある方法であると、この筆者は言うのです。

　三流の詩のどこがいけないから、これは三流の詩であると断じられるのかを、さらに、たとえばシェイクスピアの詩が、どうして、つまりどこが秀れているから第一流の詩であると言えるのかも解き明かしわからせてあげよう、そしてそのためにもあなたが正直でなければ、シェイクスピアが嫌いなら嫌いと、三流の詩が好きなら好きと正直に告白する正直さと勇気が必要なのだ、それでなければ、自分には処方のしようがない、適切な忠告もできないと言っているのです。

　❻ **then**「その時、あなたが私に示してもらい教えてもらう時」。**turn from the former to the latter**「前者から後者へと移る」、つまり「あなたがいまいる段階から、もっと進んだ段階へと移っていく」。

　not only because ... but also because 2つの because 以下の副詞節を not only ... but also が連結しています。**because you think** (that) **you ought to** (turn)「移らねばならぬと考えるがゆえに」。**because you want to** (turn)「移りたいと願うがゆえに、義務感からだけではなく、自然に、内発的に、移りたくなるがゆえに」

　In a word,「一言でいうならば」。**your conversion will be real**「あなたの回心［変化］は、（付け焼刃ではない）本物の回心となるでありましょう」。

　これは大学で一般教養の文学の講義などを担当しているのかもしれぬ教師の、自信に溢れた学生に対する講話の一部と思われる文章でした。

　この筆者の説くように、文学、芸術を研究するのに一番大切なのは、honesty、とりわけ自分に対する正直さであります。たとえば、ピカソの絵がわからなければ、わからぬと告白する勇気であります。そして真の教養の土台も、この虚栄心に対立する正直さでありましょう。「知らざるを知らずとす、これ知るなり」と古人も申しております。

[全訳3]

　文学を研究する者として、あなたがなすべき最も大切なことは、あなた自身に対して、正直な[嘘を言わぬ]研究者であれ、と忠告することです。なぜなら、学問、芸術の世界においては少なくとも、正直が最良の方策であることは、はっきりしているからです。もしあなたが、シェイクスピアの詩よりも、ある三流の詩人の詩を好んでいるのであれば、それは極めて残念なことではありますが、しかし、あなたが三流詩人の作品を好んでいるにもかかわらず、人にはシェイクスピアの詩のほうが好きだと言うことほど、実は遺憾(いかん)なことではないのです。あなたが病気の時に、医者に対して正直なことを言わなければ、医者はあなたを治してくれはしないで、あなたの病状をさらに重くすることになるかもしれませぬ。これと全く同じことで、あなたの文学上の好みに、ひとつの変化が起りはじめていると嘘を言っても何の役にも立ちはしませぬ。いまとりかかるべき適切な方法(みち)は、あなたがいまいる場所から、もっと進んだ[高い]場所に連れていってもらうことです。いまあなたが好んでいる三流詩人の作品のどこがいけない[悪い]のか、さらにいまあなたが好まないシェイクスピアの詩が、どうしてはるかに優れた作品であると言えるのかを、はっきりと示して[教えて]もらうことです。その時、あなたは、いまいる場所から、もっと進んだ段階に移っていかねばならぬと考えるからだけではなく、移っていきたくなるがゆえに移ることになるでありましょう。一言でいうならば、あなたの回心[変化]は（付け焼刃ではない）本物の回心となるでありましょう。

80

9 「想像力」とは？

イマジネーション

想像力（imagination）という言葉には、いろいろな意味内容が含まれています。その意味のひとつを次の入試問題に出た英文によって考えてみることにしましょう。

① That word 'imagination' brings me to the chief use of poetry, an even more important one than the recreation of language. ② When we are very young, the world, nature, people are mysterious to us. Give a baby an orange. He stares at it, fingers it, howls for you to pick it up again. To him, it is a beautiful, round, coloured object, with a strange smell, which is heavy to hold and stays on the floor when he drops it, instead of walking away like the cat. ③ A baby uses all his senses to make such discoveries : he is like an explorer in a new world, full of wonder and surprise at the novelty of everything. ④ In a way, a poet is a man who never grows out of that sense of wonder. ⑤ It keeps his imagination constantly on the stretch and quivering at the mysteriousness and beauty of the world; ⑥ and thus his poetry helps us to understand the world by sharpening our own senses, by making us more sensitive to life.

❶ **That word 'imagination' brings me to the chief use of poetry**

That word と 'imagination' は同格関係にあり、この sentence の主語になっています。「あの想像力という言葉は」。imagination を single quotation mark で括り、word に the ではなく that という指示形容詞を付けたのは、特に読者の注意を促すためです。

brings me to ... は「私を ... に連れて行く」→「私に ... を思い出させる［考えさせる］」。

the chief use of poetry は「詩の主なる［重要な］効用」ですが、ここでは詩の主なるはたらき、ぐらいに訳しておきます。

an even more important one は one は the chief use of poetry の use を重複して使うことを避けるための、代用の不定代名詞です。「さらに重要でさえある use（効用、はたらき）」。

than the recreation of language「言語［言葉］の再創造（というはたらき）よりも」。詩人はいつの時代にも、従来使われてきた言葉に新しい意味内容を付加注入して活性化する、つまり言葉を再創造する仕事をしてきたと言えましょう。

たとえば「さび」「ほそみ」「軽み」といった言葉が芭蕉によって再創造され、「幽玄」という漢語が紀貫之によって、俊成、定家によって独自な意味内容を持つ国字に再創造されたことなど、例はいくらでも挙げられましょう。imagination という言葉もイギリスの優れた詩人たちによって再創造され英語で最も意味の多義性と重層性を持つ言葉になっています。この一文の筆者が imagination という言葉をここではどのような意味に使っているか、これを把握することが、この文章の読解の要でもあるのです。

❷ **When we are very young**「私たちが非常に幼い子供の頃」。young という形容詞の範囲は広く、生まれて間もない嬰児（えいじ）も a young child です。ここでは、私たちがまだ赤ちゃんと呼んでよい幼児の頃のことを言っています。

the world, nature, people are mysterious to us「この世界は、自然も人間も、私たちにとっては神秘につつまれた存在なのです」。なぜでしょうか。幼児にとっては、外界のすべては、自然物も人間も、生まれてはじめて見るものばかりで、それらにはまだ名前も付いておらず、いわば無限定の、不可解な、神秘的な対象としてあらわれているからです。以下皆さんの想像力を働かせて、生まれてはじめてオレンジを見る赤ちゃんの気持ちになって読んで下さい。

stares at「じっと見つめる、凝視する」。

howls for you to pick it up again の for は指示の for、pick it up の意味上の主語が you であることを指示する前置詞です。「（あなたに）もう一度拾

い上げてくれと泣きわめきます」。

which is heavy to hold which の先行詞は object。「手に持つと、ズシッと重いもの」。

and stays on the floor when he drops it の when 以下は stays にかかる副詞節。「それを落っことしても、そのまま床の上で動かないでいるもの」。

instead of walking away like the cat instead of . . .「. . . の代わりに、. . . ではなくて」。「猫みたいに、さっさと歩み去るのではなくて」。赤ちゃんにとって、それは驚くべきもの、不思議なものとして存在しているのです。

❸ **A baby uses all his senses to make such discoveries** で、to make 以下は uses「用いる」にかかる目的を示す副詞句です。「赤ちゃんは、以上の発見をするために、自分の五官のすべてを働かせます→自分の五官のすべてを動員して以上の発見をするのです」。

そして赤ちゃんが、親から「これがオレンジよ」と教えられた時、この不思議な、驚くべき対象にオレンジという名前が付き、他のすべての対象とはっきり区別されるものとして認識され、オレンジとして整理され記憶に焼き付けられるのです。

: he is like an explorer in a new world, full of wonder and surprise at the novelty of everything のコロン（:）はここでは「つまり、すなわち」ぐらいに生かして訳しましょう。

full of . . .（. . . に満ちている、. . . で一杯で）は like と同格の形容詞句で主格補語と考えることも、また an explorer にかかる形容詞句と考えることもできますが、文脈から私は前者として処理しておきます。

the novelty「新しさ、珍しさ」。

「赤ちゃんは新世界に入った探検家のようなもので、すべてのものの珍しさ新しさを前にして不思議と驚きの念（おもい）でいっぱいになっているのであります」。

先述したように、赤ちゃんに驚きと不思議という念を与えているこの神秘に満ちた対象には、オレンジという名前も付いておらず、また果物の一種という意味も付いてはいません。鮮烈な驚異感で一杯のこの赤ちゃんの経験は、見るものと見られるものとが直接に、いわば無距離に接触し合体している状態と言えましょう。この主客未分離の状態にある原初経験を西田幾多郎は純粋経験と呼び、人間のあらゆる認識の原点であり土台をなすものと考えました。

❹ **In a way**＝in a sense「ある意味で」。

a man who never grows out of that sense of wonder「成長して大人になっても、そういう(赤ちゃんのような)驚異感を失うことが決してない人間」。

grow out of＝become too big for、outgrow「大きくなりすぎて...できなくなる、成長して...が無くなる」。

> *cf.* You have **grown out of** recognition.
> すっかり大きくなられて、(あなたを)見違えてしまいました。
> He has **grown out of** all his clothes.
> 彼は大きくなって、どの服も着られなくなってしまった。

❺ **It keeps his imagination constantly on the stretch and quivering ... of the world** の It は that sense of wonder を受けています。

on the stretch＝on the tension *or* strain「緊張している、張りつめている」。この形容詞句と quivering (うち震えている)という現在分詞は、どちらも目的格補語として keeps の目的語 his imagination の状態を説明しています。

keep「〈目的語〉をある状態にしておく」。

⑤を試訳すると「この驚異感が詩人の想像力を、世界の神秘と美を前にしてたえず緊張させ打ち震えさせている」。→「この驚異感があればこそ、詩人の想像力は、世界の神秘と美を前にして常に緊張し打ち震えているのです」。

まだオレンジという名の付いていない、不思議なものそれ自体にはじめて出会った赤ちゃんと同じ心的状況の中で、たえず世界に、自然と人間に対応しているのが詩人であり、それを可能にしている詩人の能力を imagination と筆者は言っているのです。

❻ **and thus**＝therefore「それゆえに」。

his poetry helps us to understand the world は SVOC、第5文型です。us を to 以下の意味上の主語として訳出しましょう。「詩人の書く詩は、私たちが世界を理解する手助けをしてくれるのです」。

by sharpening our own senses「私たち自身の感覚[五官]を鋭敏にしてくれることによって」。**by making**(V) **us**(O) **more sensitive to life**(C)「生に対する私たちの感受性を高めてくれることによって」。2つの by 以下は、

どちらも述語動詞 helps にかかる副詞句。末尾の life は、人生というよりも、もっと広義の生と訳しておきますが、文中の the world とほとんど同義に用いていると思います。

　たとえば D. H. ロレンスの花を歌った連作を読みますと、私たちはこの文中の赤ちゃんの経験に近い驚異感を覚えます。私たちは新世界の探検家になれるのです。花は美しいものだ、あるいは「花は紅、柳は緑」と言う私たちの常識は消し飛んで、私たちの生命と本質を同じくする不可思議な生命と直接に触れ合う思いがします。花が大地から吸い上げる生命の水が茎を上昇して簇葉となり花冠にひらいて生動し、その簇葉から陽炎のように生命が燃え立ち、花冠からは、まるで光の微粒子のように生命ある粒子が放射され流れてきて、私たちの生命とひとつになるかと思われます。花という名前も消えてひとつの不思議な生命と直接に触れ合い、花の真の現実を経験させられるのです。

　さて私たちは幼児の時から、はじめて接触するあらゆる対象に次々に名前を付けて他のものと区別して認識し、徐々に混沌とした外界を整理しつつ成長していき、やがてそれぞれに似合った人生観、世界観を形成します。これは言葉によって作られた無数の約束の世界で生きるようになるということにほかならず、人間の生長過程は、言語の習得過程と重なり合っているのであり、この過程で私たちが失っていくのは、はじめて「もの」に、現実のものに接した時の鮮烈な驚異感、神秘感であります。星を見ても花を見ても感動する力を失うのです。

　「昔の空は青かった」とヴェルレーヌは歌いましたが、今の空が青くなくなったわけではありますまい。私たちが、その青さの神秘を感ずる力を失ったのかもしれません。すべての存在が mysterious なものであり、それに対する驚異感を回復すること、あらゆる認識の土台である純粋経験に常に立ち帰ることを可能にする力、これをこの一文の筆者は imagination と呼んでいるのであり、intuition（直観）という言葉の内容に近接している能力のことを言っているのです。

［全訳］

　想像力というあの言葉を聞くと、私は詩というものの主要な効用［はたらき］を、言葉の再創造というはたらきよりもさらに重要でさえあるはたらきを

思い出します。私たちがごく幼い子供のころ、この世界は、自然も人間も、私たちにとって神秘に満ちた存在であります。赤ちゃんにオレンジをひとつ与えてごらんなさい。赤ちゃんはそれをじっと見つめます。それを指でいじります、それを落っことして、私たちにそれをまた拾い上げてくれと泣きわめきます。赤ちゃんにとって、それは美しく、丸くて、色あざやかなもの、不思議な匂いのするもの、手に持つとズシッと重くて、それを落っことしても、猫みたいに歩み去ることなく、そのまま床の上に動かずにいるものなのです。赤ちゃんは、自分の全感覚を動員して以上のような発見をするのです。つまり赤ちゃんは、新世界に入りこんだ探検家のようなものであって、すべてのものの新しさ珍しさを前にして不思議と驚きの念でいっぱいになっているのであります。ある意味で、詩人とは、この赤ちゃんの驚異感を、生長し大人になっても決して失わないでいる人間のことであります。この驚異感があればこそ、詩人の想像力は、世界の神秘と美を前にして、常に緊張に打ち震えているのであります。そしてそれなるがゆえに詩人の創る詩は、私たち自身の感覚をも鋭敏ならしめることにより、生に対する私たちの感受性をも高めてくれることによって、私たちが世界を理解する手助けをしてくれるのであります。

10 「独創性」とは？

この本の「はじめに」の中で、私は行間に隠れている意味にも時には立ち入って考えてみようと申しました。そのためにも一行一行の文構造もつかめないようではそれは論外のことだとも付言しました。次の英文はその行間に隠れている意味を読まねばならない好例であります。

---

①I claim no originality for my thoughts, or even for the words I have put them in. ②I am like a tramp who has rigged himself up as best he could with a pair of trousers from a charitable farmer's wife, a coat off a scarecrow, odd boots out of a dustbin, and a hat that he has found in the road. ③They are just shreds and patches, but he has fitted himself into them pretty comfortably and, uncomely as they may be, he finds that they suit him well enough. ④When he passes a gentleman in a smart blue suit, a new hat and a well-polished shoes, he thinks he looks very grand, but he is not so sure that in that neat and respectable attire he would be nearly so much at his ease as in his own rags and tatters.

---

❶ I(S) claim(V) no originality(O) for my thoughts は S＋V＋O の
第3文型。
claim「(当然の権利として)要求する、主張する」。originality「独創性」。
for my thoughts (私の思想に対して) は副詞句で claim を修飾しています。
直訳すると「私は、私の思想に対して、全く独創性を要求しない」となりますが、これではよくわからない。わからないとわかってくれなくては困るのです。やがて次の訳文が出来上るまで考えて下さい。

「私は、私の思想が、独創的なものであると主張などいたしません」。筆者はまず謙遜しているのです。

そして続く **or even for the words I have put them in** も for my thoughts と同格の副詞句で claim にかかっています。

or even for the words「いや、言葉に対しても」。では、どんな言葉に対してかと言うと(which) **I have put them in**＝in which I have put them、which 以下の形容詞節によって限定されている言葉に対して、です。which の先行詞はもちろん the words でその言葉の中に(＝in which)私は them (＝my thoughts)を収めたというのです。すると or even for the words 以下の直訳は「私が私の思想をその中に収めた言葉に対しても」となります。

作家が自分の思想を表現する媒体は言葉です。言葉は思想の乗りもので、思想がその中に収められる容器であります。画家にとっての絵具、音楽家にとっての音にあたるものです。するとここは次のような意訳になります。

「いや私が自分の思想を表現するために用いた私の文章、文体が独創的なものであるとさえ主張はいたしません」。

ひょっとするとこの冒頭の2行が一番理解しにくく、従って訳しづらい部分かもしれません。この筆者は私の思想など平々凡々、それを表現している私の文体もまた平々凡々、何ら独創性などないと謙遜しているのですが、この謙遜は曲者です。しばしばこれが自讃のはじまりになるからです。

❷ **a tramp**「浮浪人、乞食」。

who has rigged himself up as best he could with a pair of . . . in the road は a tramp を修飾する長い形容詞節です。

rig himself up ← rig oneself up＝dress oneself up (身支度をととのえる、装いをこらす)。

as best he could＝as well as he could(できるだけ立派に)。rig himself up にかかる副詞節。

with 以下の副詞句も rig himself up にかかり、装いをこらしたこの乞食の衣服の一点一点の出所を説明しています。

a pair of trousers (ズボン)は **a charitable farmer's wife** (情深い、施し好きの百姓のおかみさん)からもらったもの、上衣は案山子から失敬したもの。

off＝from。**odd boots** (右と左が別々の靴)は **a dustbin** (ごみため)から拾

88

い出したもの、そして **a hat**（帽子）は **in the road**（通りで）見つけた代物だと言っています。

みんなもらい物、借りもので、自分のものなどひとつもない、そんな代物で、できるだけ立派に身支度をととのえてみた乞食のような哀れな人間が自分だ、およそ独創性などひとかけらもない、と自分の凡庸性を乞食にたとえてユーモラスに謙遜を装いつつ、さて徐々に強い自負心を行間に滲（にじ）ませはじめるのです。

❸ **shreds and patches**「襤褸弊衣（らんるへいい）の類（たぐい）」。shreds はボロボロに破れていること、patches はつぎはぎだらけのこと。みじめな乞食姿の文語的、修辞的表現です。

but he has fitted himself into them「しかし、彼は［この乞食は］自分自身を［自分の体を］そういう代物（them）にぴったりと合わせてしまっている」。

pretty comfortably「かなり着心地よく」。pretty（かなり）は程度を示す副詞です。この乞食は身につけたもののすべてに、ぴったりと体を合わせた、つまり気持ちよく着こなしてしまった、と言っているのです。

uncomely as they may be「それらは［私が身につけているものは］みっともないものかもしれないけれども」。主格補語の uncomely が文頭に出ている譲歩の副詞節です。

---

cf. Young **as** he is, he is very prudent.
　　彼はまだ若いけれども、大変用心深い［若気の過ちなど考えられない］。

---

he finds that they suit him well enough「この服装が（＝they）自分には結構お似合いなんだとこの乞食は思っている」。

well enough「かなり、まずまず十分に」。このあたりから謙遜が自信の表明に変わってきています。

❹ **passes**「（他）すれちがう（＝go by）」。

a gentleman in a smart blue suit . . .「スマートな紺（こん）の背広を着ている紳士」。この in は着用を示す前置詞で、以下の a hat、shoes をも支配しています。

he thinks (that) he looks very grand「この乞食は、あの紳士はとてもすてきに見える［すてきだな］とは思います」。はじめの he は乞食、あとの he は紳士ですが、これの見分けは前後関係（コンテクスト）を考えるよりほかはありません.

he is not so sure that「この乞食は決して信じてはいない」。この so は so ...that という係り結びではなく、単に sure を強めている副詞です。be sure＝believe, think with confidence.

> *cf.* He **is sure** that he will succeed.
> 自分は将来成功するものと彼は信じている。

in that neat and respectable attire「たとえあんなにきちんとした、立派な服装をしてみても」。この副詞句は、後に続く主節に対して譲歩の副詞節の役を果していいると同時に主節に対する反実仮想の if 節の代役をも果しています。

he would be nearly so much at his ease, as in his own rags and tatters この主節は subjunctive　past（現在の事実に反対の仮定法）の sentence で would be at his ease と続く第 2 文型 S＋V＋C の形になっています。

at his ease は主格補語の形容詞句。at ease「楽にくつろいでいる」。

> *cf.* Be **at** your **ease,** please.
> どうか、くつろいで下さい。

ところがこの at his ease の前にこれにかかる nearly so much という副詞句が入りこんで後に続く as in his own rags and tatters の as と so much ...as ...の係り結びを作り上げています。nearly は so much にかかる程度を示す副詞に過ぎません。

rags and tatters「ボロボロでズタズタ、襤褸弊衣」。shreds and patches とほとんど同義の成句。すると nearly so much ...as は（as 以下の場合とほぼ（＝nearly）同じくらい）となります。

さて but 以下の試訳「しかし、この乞食は、たとえ自分があの紳士のようなきちんとした、立派な衣裳を身につけてみたところで、今自分がこのボロボロ、ズタズタを着ている時ほど［ほぼ同じくらい］気楽にくつろいだ気分になれるだろうとは、決して信じてはいない［くつろいだ気分にはとてもなれないであろうと心から信じている］」。ここでは主節の not を that 以下の従属節の中に移して訳出するほうがよいでしょう。

as 以下には he was at his ease を in his own rags and tatters の前に入れて考えること。

　自分の思想も文体も何ら独創性などないと謙遜して、自分の思想も文章も全部、他人からのもらいもの、借りものであることを乞食にたとえ、その乞食の服装にことよせて説明しているこの文章が、実は自分の思想と文体の独創性を言外に誇示している文章であることが読み取れたでしょうか。読解の要は、この乞食(筆者である作家)が、すべてもらい物であるズボンに、上衣に、靴に、帽子に自分の体をぴったりと合わせて、いかにも乞食らしく着こなしてしまった、そしてこれが自分にはいちばんお似合だと信じていると言い切っていることにあります。もらいものをすべて自分のものとなしおわせて、この服装が自分にはいちばんよい、これ以外の服装は考えられない、と豪語していることにあります。

　こと思想・文芸の世界においては真の独創性などは皆無に等しいと言ってもよいのです。天の下に新しい言葉などは見出しようはなく、いかなる思想も既に、先人によって考えられ表現されていると言ってよい。私たちはただ乞食のように先人たちから思想や言葉を借り、もらうことができるだけなのですが、しかしその数多くの借りものを、自分の体に合わせて自分らしく着こなして使うことはできる。自分らしい言葉の組み合せや思想の組み合わせを作り出してこれを表現することはできましょう。もはやそれらがもらいもの、借りものとは見えなくなるほどの、いかにも自分らしい組み合わせを作り出すことはできましょう。思想・文芸の世界では、これをなしとげることを originality と呼んでいるのです。

　大天才、Shakespeare の芝居の筋立てや、そこにあらわれる思想はことごとくローマやイタリアやフランスからの、さらにイギリスの先人たちからの借りもの、もらいものであると言ってよい。しかしこの天才の手でそれらが組み合わされると、もう借りものとは思われぬ斬新さと光輝を放つ完全に Shakespeare 的な世界が出現するのです。これは借りものだ、ここはもらいものだとはっきりわかるような下手な着方や表現の仕方を恐らく模倣とか剽窃とか呼んでいるのであります。

　これはサマセット・モームの文章ですが、この作家が自分の文体と思想の独自性に対して持っている自負心が一見謙遜を装っているこの文章の行間に隠れているのであります。

［全訳］

　私は自分の思想が独創的なものであると主張はいたしませぬ、いやその思想を表現するに用いた私の文章、文体が独創的であるとすら申しませぬ。私は乞食のような人間で、この乞食は、情深い百姓のおかみさんからもらったズボン、案山子から失敬した上衣、ごみ溜めから拾い出した左右不揃いの靴、通りで見つけ出した帽子、そんな代物でできる限り立派に装いをこらしているわけです。私の身につけているものは、まさしく襤褸弊衣、つぎはぎだらけのボロにほかなりませんが、この乞食は自分の体をこんな代物にぴったりと合わせてまずまず着心地よく着こなしているのでありまして、それは、みっともない恰好であるかもしれないけれども、自分にはこの服装が結構お似合いなんだと思っているのであります。この乞食が、スマートな紺の背広を着て、新品の帽子をかぶり、ピカピカにみがいた靴をはいた紳士とすれ違う時、彼は考えます、あの紳士は、とても素敵だ、立派だな、とは。しかしこの乞食は、たとえ自分があの紳士のような、きちんとした立派な衣装を身につけたところで、自分のこのボロボロ、ズタズタの衣装を着ている場合と、ほぼ変わらないほど、気楽にくつろいだ気分にはなれまいと、そう信じているのであります。

11 文化の存続の条件

　私たち人間には友が必要であるに劣らず、対立する相手が、時には敵が必要です。なぜか？　これについての次の筆者の意見を考えてみることにしましょう。この人は「文化の存続を何よりも大切に考える立場」からこの問題を論じています。

①As individuals, we find that our development depends upon the people whom we meet in the course of our lives. (These people include the authors whose books we read, and characters in works of fiction and history.)② The benefit of these meetings is due as much to the differences as to the resemblances; to the conflict, as well as to the sympathy, between persons. ③ Fortunate the man who, at the right moment, meets the right friend; fortunate also the man who at the right moment meets the right enemy. ④ I do not approve the extermination of the enemy: the policy of exterminating or, as is barbarously said, liquidating enemies, is one of the most alarming developments of modern war and peace, from the point of view of those who desire the survival of culture. ⑤ One needs the enemy. So, within limits, the friction, not only between individuals but between groups, seems to me quite necessary for civilization.

❶ **As individual**「個人として、個人として考えてみると」。
our development「私たちの成長[成熟]」。

depend upon . . .「. . . に依存する、. . . によって決まる、. . . に左右される」。

in the course of our lives「私たちの人生の行路において、つまり私たちの一生の間に」。

These people「こういう出会いの人々」。

include は「. . . を含む」という他動詞ですが、「主語の中には目的語が入っている」と処理しましょう。

「そういう出会いの人々の中には、私たちが読む書物の作家たちも入っているし」。

characters in works of fiction and history の characters も include の目的語。「小説の作中人物や歴史書に登場する人物たち」。

❷ **The benefit of these meetings**「こういう様々な出会いから生まれる利益[恩恵]は」。

is due as much to the differences as to the resemblances＝is due to the differences as much as to the resemblances「類似点から生ずると同じくらい相異点からも生じている」。be due to「. . . による、. . . に原因がある、. . . のためである」。

to the conflict, as well as to the sympathy, between persons の to the conflict も to the sympathy も前行の was due に接続していることに注意すること。

②の sentence の was due は計4つの to 以下と接続しています。はじめの2つの to 以下は as much as、後の2つの to 以下は as well as によって連結されてそれぞれ一組になっていますが、同一の内容を別の表現で説明しているに過ぎません。そして末尾の between persons（人間相互の間にある）は形容詞句として、differences、resemblances、conflict、sympathy のすべてにかかっています。

試訳、「こういう出会いから生まれる利益は、人間相互の間の類似点から生ずるに劣らず相異点からも、共感から生ずるのと同じくらい衝突、争いからも生まれているのです」。

❸ **Fortunate the man who, at the right moment, meets . . . the right enemy**。主格補語 fortunate が文頭に出ている倒置形の sentence が2つ連なっています。いずれにも fortunate と主語 the man の間に述語動詞

94

is を挿入しましょう。C＋V＋S 倒置された第 2 文型の sentence です。**at the right moment**「然るべき時に」。この right は「正しい」ではなく、suitable（適切な、ふさわしい）の意です。

> *cf.* He is just the **right** man in the right place.
> 彼こそまさに適材適所の人である。

「然るべき時に、しかるべき友と出会える人は幸いであるが、同時にまた、しかるべき時に、しかるべき敵に出会える人も幸せなのである」。

❹ **approve**「よいと思う、是認する」。

the policy 以下はかなり長い one sentence ですね。主語はもちろん **the policy**。of 以下の形容詞句の中の 2 つの動名詞 **exterminating** と **liquidating** の共通の目的語が **enemies** です。接続詞 **or**（すなわち）（＝that is）は、2 つの動名詞が同格関係にあることを明示しています。**, as is barbarously said,** は、この両者の間に挿入された副詞節で「俗に、いわゆる」ぐらいで処理しましょう。この as は構文上は主格の関係代名詞として機能しており先行詞は exterminating。直訳すると「(敵を絶滅させること)は、俗な言い方で言われると」になり、次の liquidating enemies(敵を片づける[消してしまう]こと)という表現になるのだが、と繋っているのです。

「敵を絶滅させるという政策は、つまり、俗にいわゆる敵を片づける、消してしまうという政策は」。is が述語動詞で次の **one** が補語です。構造的には S＋V＋C の簡単な文型に過ぎませんね。

the most alarming developments of modern war and peace「近代の戦争と平和が発達させた最も恐るべきもの[結果]のひとつである」。

developments が複数であることに注意。これは数えられるもの、普通名詞に抽象名詞が変じていることを示しています。「発達させたもの」です。

戦争が発達させたものというのはよくわかりますが、なぜ筆者は peace(平和)をまで加えているのでしょうか。恐らくこの筆者は、戦争が、破壊と殺戮という手段によって行われる競争形式と言えるなら、平和とは生産と創意工夫によって行われる競争の形式、闘争の状態にほかならぬと考えているからではないでしょうか。平和も苛烈な競争の時なのです。

from the point of view of those ... of culture「文化の存続を庶幾う人々の見地から見るならば」。これは、is one of the most alarming (最も怖

ろしいもののひとつである)という判断を示す述部にかかる副詞句です。

the point of view of those who desire the survival of culture「文化の存続を庶幾う人々の見地」については特に考えてみなければなりません。この見地がこの一文を書いている筆者の見地であり、内容理解の要<ruby>要<rt>かなめ</rt></ruby>であるからです。

文化(culture)が存続して栄える条件のひとつは、同じ人間として互いに理解し合えないわけではないが、しかし風土や歴史や伝統を異にするがゆえに、ものの考え方や感じ方を異にする、従って時に互いに対立し衝突することも生ずる、互いに相手を自分とは異質の存在だと感じている個人が、単位をもっと大きく取れば国民が、あるいは民族が、この地球上でともかく共存していけるという条件である。対立し<ruby>軋轢<rt>あつれき</rt></ruby>が生ずることがあっても、互いに相異なる存在であるがゆえに、おのれに無きものを相手からもらい、相手に無きものを与ええてそれぞれがより豊かに成熟することができる状態が存続することである、つまり異質なるものが互いに対立しつつ均衡を保ち共存する環境が保証されることであると筆者は考えているのです。自分と対立する異質なるものを抹殺することなどとんでもない<ruby>蛮行<rt>ばんこう</rt></ruby>(文化が存続する条件の破壊である)と言えます。

たとえば言語も生きもの、人間の生み出す culture の核心をなすものであって、人間と同じく生き続けることもあり、死んだりもするものであって、英語が生き続け、今日の繁栄を迎えたのも隣接して異質のラテン系の言語フランス語・イタリア語をはじめとする他の強力な言語と共存でき、それらから多くの富をもらいえたからなのです。これは culture の訳語のひとつである「文化」についても、もうひとつの訳語であり、個人を単位として考える場合に使われる「教養」についても言えることでありましょう。個人の culture のためにも対立する敵は必要なのであります。さてこの筆者は次の力強い結語に入っていきます。

❺ **One needs the enemy**「人間は[私たちは]敵を必要とするのである」。

So「それゆえに」。**within limits**「限界内において」→「限界を越えない限り」「ともかく共存することができる条件が守られるならば」。

the friction この sentence の主語。「摩擦<ruby>軋轢<rt>あつれき</rt></ruby>があること」。

not only between individuals, but between groups の between individuals と between groups はどちらも主語 the friction にかかる形容詞句ですが、not only . . . but (also) によって連結されていることに注意。「個

人と個人の間のみならず、集団と集団の間にも軋轢のあることが」。

　for civilization「文化、文明にとって」。この civilization は前出の culture とほとんど同義に用いられています。

　この文章を深く理解するためには culture という一語について、これは明治以降2つの日本語「文化」と「教養」という国字に移されて定着し、日常に使用されていますが、もう少しくわしく説明する必要を感じます。しかしこの解説は、全訳に続く次の一文にゆずることに致します。

［全訳］

　個人として考えてみても、私たちの成長［成熟］は、一生の間に、どんな人々と出会うかによって決まってくることがわかる（この出会う人々の中には、私たちが読む本の作家たちも入っているし、さらに小説作品や歴史書の中に登場する人物たちも入っている）。人々とのこういう出会いから生まれる利益［恩恵］は、人間相互の類似点によるに劣らず、相互の相異点からも、つまり相互の共感から生ずるに劣らず、相互の軋轢不和からも生じているのである。然（しか）るべき時に、然るべき友に出会える人は幸いであるが、然るべき時に、然るべき敵に出会える人も幸いなのだ。己れの敵を絶滅させることを、私は是（ぜ）としとは考えない。敵を絶滅させるという、つまり俗にいわゆる敵を「片づける、消してしまう」という政策は、文化の存続を庶幾（こいねが）う人々の見地から見るならば、近代の戦争と平和とが発達させた最も怖るべきもののひとつである。人間には、おのれの敵が必要なのである。それゆえに限界を越えない限りは、個人と個人の間のみならず、集団と集団の間にも、摩擦、軋轢があることが、文化［文明］にとっては、必要不可欠であると私には思われるのである。

culture という言葉について

culture という英語は、先述したように教養とも文化とも訳され、私たちの日常に使われる日本語と化していますが、どちらも本来の日本語にはなかった言葉であって、明治以降に翻訳されて生まれた、いわゆる翻訳語なのです。幕末から明治にかけて、私たちの優れた先人たちは、当時世界を支配していた、そして今日も支配し続けている西欧文明を積極的に受容し、この国を急速に近代化する仕事を果すために、西欧の言語からさし迫って必要な言葉を翻訳して、従来の日本語にはなかった新語を多数作り出して、日本語の語彙につけ加えなければなりませんでした。文化も教養も culture の翻訳語として明治以降に生まれ出た新語であることは、思い出してみるに価する事実であると思います。

しかし、文化とは感心できない悪い訳語であります。culture を文明開化の意と解し、この中の二字を取って文化としたという説があり、また「以武化民」と対立する「以文化民」、文を以て民を化す、つまり学問、芸術の力によって民を治める、という儒教が掲げた政治のモットーの上下の二字を取って文化という略語が生まれたという説もあるが、どちらの説が正しいとしても、culture の原意を全く反映していない悪訳であります。教養も同じく culture の訳語ですが、こちらは、まずまずの出来栄えです。原語の意味が少なくとも投影されてはいるからです。私たちは文化、教養という言葉を日常使ってはいるが、両者ともに翻訳語にほかならぬのであってみれば、この culture という原語の意味がしっかりと摑めていなければ、文化、教養という日本語の使い方が得手勝手なものとなり、教養なき人を教養人と誤認したり、文化住宅とか文化国家とか、およそ意味をなさぬ言葉が平気で横行する事態が生じてくるのは、当然の成り行きなのです。

culture という英語は、本来ラテン語が語源なのであって、「耕す、栽培する」という意味で、農業に、農耕文明の発祥に深く結びついている言葉です。agriculture とは、「ager (地、大地)を耕すこと」という意味なのであります。大地を耕す、そして作物を、果樹や花を大切に守り育てて、その植物が本来的に持っている可能性を実現させる、その最も豊かな実りを結ばせ、その最もかぐわしい花を開かせる、そしてこうしてその植物がついに咲かせた花、ついに結んだ実りが、すなわち culture なのであり、その過程を cultivation と言うので

す。人間と呼ばれる一本の植物の生命力が、両親をはじめとする多くの他者に、また先人たちに助けられながら存分に陽の光に浴し、大地の恵みを吸い上げて、風雪をしのぎ、様々な障害を越えて、すくすくと成長繁茂し、ついにいま咲かせている花、いま結ばせている実りが、その人間の教養（カルチャア）なのです。別言すれば、その人間がいまこの世に存在することによって、その人が咲かせている花、実らせている果実によって、どのくらい周囲の人々や環境が、明るく豊かに、美しく変化するか、その程度が、その人の教養の程度なのです。教養とは、人間が長い時をかけて遂に身につけたポジティブな力、その人の言行から滲み出て（にじ）くる周囲を明るく豊饒（ほうじょう）にするのに寄与する力を言うのです。さらに対象を個人から拡大して日本という巨大な一本の樹木を想像してみるとよい。この木が恐らく 5、6 世紀に、あの懐しい三輪山の西のどこかに根づき、次第に成長繁茂して鬱蒼（うっそう）たる巨樹となり、かくて年々歳々咲かせ続けてきた花、実らせている木の実、緑涼やかな木蔭こそ、すなわちこの木が存在することによって、周りの国々や環境が、どのくらい明るく美しく豊かに変化することになるか、その力こそ日本という国の文化（カルチャア）なのです。明治の先人たちは、個人を単位として考える場合には culture を教養という国字に移し、社会を単位とする場合には文化という訳語を当てたのです。してみると教養をただちに博学多識と混同することはできなくなると思います。知識（ノーリッヂ）は、健全なる体力とともに教養の土台であることは疑えないが、教養そのものではなく、教養とは、蓄積された知識を、現実に、実人生に生かす実践的な、即ち倫理的な力のことを言うのであり、知識という言葉よりもむしろ知恵（ウイズダム）という言葉に結びつくものであるからです。

　教養と呼ばれるものの本質をさらに別言してみるならば、それは、人間が置かれるあらゆる状況において、これに対応できる精神と肉体の、いかにも人間の名にふさわしい品位ある弾力性のこと、つまり、いわゆる見識ある人間の判断と行動から自ら私たちに感得される力であると言うことができるかもしれません。あの理性の王者、ルネ・デカルトは、王立学院という当時の最高学府を出るとただちに「これからは世間という大きな書物を読む」ために旅に出て軍役にも服し、幾年かを戦塵の中で過ごしたこともある人でした。決闘で生命をかけることを辞さなかった武人でもあった人でした。バイエの伝えている果断な行動人としてのデカルトの畏敬すべきいくつかのエピソードは、教養（カルチャア）の、ともすれば忘れられがちな要素を思い出させてくれるように思います。博学多識にして教養なき人は、何についても、究極においては判断を下し行動すること

ができない、つまり見識ある人とは思えない知識人は、それこそ掃くほどいるのであります。以上を付記したのは、教養、文化という日本語を私たちが正しく使用できるためにも、culture という英語の意味内容を知ることが必要なのであり、外国語を少なくともひとつ修めなければ、日本語の正確な運用もままならないという明治以降の日本の特殊な歴史的条件、言語状況の中で、私たちは現在も生きており、今後も生きていくのであることを、そしてそれは、しごく最近の江戸末期まで、現在の小学校にあたるものであったあの寺小屋で、中国の古典、論語の素読が必修の科目であった事情と軌をひとつにしていることを想起してもらいたかったからです。英語が中、高校で 6 年、さらに大学においても必修正科のひとつになっていることは、この歴史条件と言語状況に深く関連しているのであって、これは私たちにとって別に事新しい経験ではない、遠い 5、6 世紀の昔から常に圧倒的な大陸文明、即ち中国文明の影響を受けながら、独自な自分自身の言葉と文化を生み出してきた島国日本の運命であったし、徳川末期から、この国が、これまた圧倒的な西欧文明に対処しなければならなかった、そして独自な文化を生み出していかねばならない、実は光栄ある運命なのであると私は信じております。

12 快楽について

①I think it can be proved very fairly that pleasure is the end which men set to their endeavours. ②The word, in puritanical ears, has an unpleasant sound, and many have preferred to talk of happiness: ③but happiness can only be defined as a continued state of pleasure, and if one deserves blame so does the other: you cannot reasonably call a straight line good if the points that compose it are evil. ④Of course pleasure need not consist exclusively of sensual gratifications, though it is significant of human feeling that it is those especially to which the mind, in using the word, seems to refer. ⑤To the average man the aesthetic pleasures, the pleasures of effort, the pleasures of the imagination are so pale in comparison with the vivid delights of sense that they do not enter his mind when he hears the word.

❶ it は形式主語で that 以下の名詞節がその内容。can be proved のように助動詞の次の動詞が受身形になっている場合は、これを直訳すると、不自然な日本語になることが多いのです。voice(態)の転換が自在にできることは、私たち日本人にとっては特に必要な理由です。そこで voice を転換して、it can be proved . . . that＝we can prove . . . that として処理しましょう。この **pleasure** は「楽しみ、喜び」ではなく「快楽」、と訳さなければなりません。その理由は、文脈(前後関係)による、と答えるほかはありません。

which は目的格の関係代名詞、先行詞は the end で、set の目的語になっています。**their endeavours**「人間の様々な努力」、すると **the end which men set to their endeavours** は、「人間が、自分の様々な努力に対して、置いている［設定している］目標［目的］→人間の様々な努力の目指している目的」となります。

①を試訳すると、「人間の様々な努力の目指している目的は快楽であるということは、極めて見事に証明できることであると、私は考えている」。人間がいろいろな努力をするのは、すべて快楽を求めてのことだ、と言うのです。

❷ **The word**「その言葉」。定冠詞の the に注意、すなわち「快楽」という言葉です。

in puritanical ears「ピューリタン的な人の耳には」。「ピューリタン的な」とは、「道徳的に潔癖な［敏感な］」の意で、つまり皆さんのことだと言っておきます。青春期の若者はみな、週刊誌がどんなに慨嘆すべき事実を書き立てていても、程度の差こそあれピューリタン的だ、と老生は信じているからです。

and はここでは「従って」。

preferred は比較級の意を内在させている他動詞で「より好む、より愛する→...のほうがよいと思う」。prefer A <u>to</u> B（B よりも A のほうがよいと思う）、than の代わりに to を置く、特殊な他動詞です。

---

cf. I prefer to be working **to** doing nothing.
　　私は、何にもしないでいるよりは、働いているほうがよいと思う。

---

②の試訳、「快楽という言葉は、道徳的に潔癖な人の耳には、不愉快なひびきを持つ言葉であって、それゆえ、多くの人々は、幸福という言葉について語る方を（快楽という言葉について語るよりも）好むのである」。

事実、快楽があなたの人生目的ですか、と問われると、返事をためらう人は多いでしょうが、では、幸福があなたの目的かと問われるなら、然^{しか}り、と答える人は少なくないでしょう。

❸ **but happiness can only be defined as a continued state of pleasure**＝but we can only define happiness as a continued state of pleasure。define O as ...「O を ... と定義する」。「しかし幸福を定義すると、快楽が継続する状態、というよりほかはない」。

and if one deserves blame so does the other　does は deserves の代

102

動詞で so＝blame。so does the other＝the other deserves blame。「する
と、もし一方［快楽］が非難に価するものであるとすれば、他方［幸福］もまた非
難に値することになる」。

you(S) **cannot reasonably call**(V) **a straight line**(O) **good**(C) **if the
points that compose it are evil.**第 5 文型の sentence です。if 節中の **it** は
a straight line を受けています。「もし一本の直線を構成している点の一つひ
とつが悪であるとすれば、その直線を善なりと言うことは、不合理であるから
だ」。

　快楽を点に、幸福を直線になぞらえています。数学では、線とは点の連続す
る状態、と定義されているのを利用しているのです。

　reasonably はこの一文の叙述に対する判断を示す副詞です。

> *cf.* He was **justly** punished.
> ＝It was just that he was punished.
> 彼が処罰されたのは、正当なことであった。

　❹ **Of course pleasure need not consist exclusively of sensual
gratifications**　consist of . . . ＝be composed of . . .「. . . から構成され
ている［成り立っている］」

> *cf.* The committee **consists of** twelve members.
> その委員会は 12 人の委員で構成されている。

　exclusively「ただ、それだけで」。
　sensual gratifications「様々な官能の満足」、たとえば肉欲などの満足。
　ここまでを試訳すると、「もちろん、快楽は、何も様々な官能の満足、ただそ
れだけから成り立っている必要はない」。
　though 以下の副詞節の文構造は複雑を極めています。まず、最初の **it** は形
式主語で **that** 以下がその内容です。that 以下の it は強調構文を作る it で、to
which 以下の内容を受けており、which の先行詞は those(＝gratifica-
tions)、to which の to は文末の refer と接続して **refer to**(暗に言う、. . .
を指して言う)という句動詞を作っています。
　the mind はここでは「人」。mind、heart、soul は時に「人」を表します。

be significant of＝signify、indicate（示す）、be＋形容詞＋of でひとつの他動詞と同じように機能する一例。be indicative of＝indicate、be afraid of＝fear、be fond of＝like。

試訳「人間が快楽という言葉を使う場合、特に官能の満足のことを念頭に置いて言っているように思われることは、人情（の本質）なるものをよく示しているけれども ...」。人間の感情なるものが本来いかに下劣であるかを、よく示しているけれども、と言っているのです。快楽という言葉を口にする時、人間がまず念頭に思い浮べるのは、特に肉欲の満足のことであるほど、人間の情念は、本来下劣であればこそ、快楽という言葉にこだわり、幸福という、曖昧で便利な言葉を使うほうを好むのだと言っているのです。

❺ **the aesthetic pleasures**「審美的な様々の快楽」とは、美に触れる喜び、美しい音楽、絵画、詩、そういう芸術や、また美しい自然に対して覚える快楽のこと。**the pleasures of effort**「努力という快楽」とは、自分の力の限界まで努力することそれ自体に覚える喜びのこと。

the pleasures of the imagination「想像力を働かせる快楽」、想像力を働かせれば、たとえば、書物を媒介として、時間と空間を飛び越えて、ペリクレス時代のアテネで遊ぶことも、釈迦や孔子と対話することも、またエスキモーと一緒に海の狩りをすることもできましょう。そういう高次な快楽は **are　so pale ... that** と続いています。so ... that～の係り結びを見落とさないこと。

in comparison with ...「...にくらべれば」。

the vivid delights of sense「生々しい感覚の喜び」たとえば、セックスの快感、美食の快楽など。**the word** は、もちろん「快楽という言葉」です。

さて、⑤を試訳すると、「普通一般の人にとっては、様々な美に触れる快楽、努力することそのものに覚える快楽、想像力を働かせる快楽は、生々しい官能の喜びとくらべると、あまりにも色あせたものであるので、快楽という言葉を聞いても、そういう快楽のことは、念頭に浮んではこないのである」。

この一文の筆者は、pleasure（快楽）という言葉の持つ最も広い意味においての a hedonist（快楽主義者）、つまり人生の目的は、快楽であると信じている人であります。そして快楽と幸福とは同義であると断じ、快楽という言葉に最大限の広い意味を持たせています。筆者の論旨をさらに拡大すると、他人のために尽くすことも、親が子のために、あるいは人が祖国のため、また理想のため

に生命を棄てることも快楽ということになりましょう。なぜならば、人のために尽くさないでいる苦痛、子供のために生命を棄てないで見殺しにする苦痛の方が、人のために尽くす苦労、生命を棄てる苦痛よりも、はるかに大きいからだという論理になるからです。かくて、人間のあらゆる努力の目指している目的は快楽である、ということになります。

　そしてこういう快楽主義の土台は、人間の本性はエゴイズムであるという人間観であって、性善説、性悪説とともに、古来から根強く存在してきた一元論的人間観です。これは人間の本質はエゴイズムにあり、かかる人間の追求するあらゆる目的は快楽であるとする人間観であって、その代表者の一人は、17世紀の優れたフランスのモラリスト、あの『箴言集』の著者ラ・ロシュフーコーでありましょう。この筆者、サマセット・モームは、思想的には、このモラリストの直系の弟子でありました。さて、皆さんは、この一文にどう反応されるでしょうか。そうだと首肯する方もあるでしょうし、否と答えるにしても、この人間観を打破することは、容易ではないと思われます。

［全訳］

　快楽こそ、人間の様々な努力が目指している目的であることは、実に見事に証明できることだと私は考えている。この快楽という言葉は、道徳的に潔癖な人、ピューリタン的な人の耳には、不愉快なひびきを持つ言葉であって、それゆえ、多くの人々は、幸福という言葉について語るほうが、お気に召しているのである。しかし幸福を定義すると、快楽が持続している状態というよりほかはない。すると一方［快楽］が非難に値するならば、他方［幸福］も非難に値することになる。もし直線を構成する点の一つひとつが、悪であるとすれば、その直線を善であると言うことは理に反するからである。もちろん、快楽というものは、ただ官能の様々な満足、ただそれだけから成り立っている必要はない、もっとも、人が快楽という言葉を使う場合に、念頭で思い浮べているのが特に官能の満足であるということは、人間の感情［情念］の本質を、よく示してはいるけれども….。普通一般の人にとっては、様々な美に触れこれを味わう快楽、努力すること自体に覚える快楽、想像力を働かせる快楽などは、生々しい官能の喜びとくらべると、あまりにも色あせたつまらぬものであるから、快楽という言葉を聞いても、ただちに念頭に浮んではこないのである。

13 記憶力について

記憶力は、人間がよりよく生きるために必要な、重要な能力ですが、忘れるという機能もまた、生きるためには欠かせぬ重要な機能なのです。次の一文を読んでみましょう。

---

① Memory-training courses are much in vogue nowadays, and it seems to be taken for granted that the more things we remember the happier we are. ② The pleasure of memory must certainly be rated high, but I am sure forgetfulness also plays a part in making human beings happy. ③ Some of the unhappiest people in the world are those who cannot forget injuries inflicted on them in the past. ④ Others are equally miserable because they cannot forget wrongs they have done others. ⑤ Human beings are so constituted, indeed, that they forget the things they would like to remember, and remember the things they would prefer to forget. ⑥ The memory should be trained, I think, to overcome both those weaknesses.

---

❶ **Memory-training courses**「記憶力練成教室、記憶力練成講座」。日本の各種文化センターの教育講座にも、このようなものがありますね。これに類したものとして、「話し方教室——これに入ると五百人の前でも話せます——」と副題を付けた教室もあります。いずれも、自分は記憶力が乏しいので、また口下手であるために、損をしていると素朴に誤解している人々を招きよせて繁昌している教室であり、講座です。

in vogue「流行している、人気がある」。**much** は in vogue にかかる副詞で、程度を示します。「今日、記憶力練成教室なるものが、大変人気を呼んでおりま

す[流行しております]」。

and it seems to be taken for granted that the more things we remember the happier we are で、it は形式主語で that 以下がその内容。take...for　granted「当然であると［当たり前のことと］考える」。文頭の the＋比較級の形容詞、次の sentence の文頭にも the＋比較級の形容詞が置かれ、この 2 つが係り結びで「...すればするほどいよいよ...となる」、この形は頻出するので、皆さんはもう慣れたころと思います。「そして、私たちが、たくさんものを記憶すればするほど、いよいよ幸せになるのだということは、当然の常識と考えられているように思われます」。

❷ **The pleasure of memory**「ものを覚える喜び」。rate＝estimate（評価する）。

forgetfulness「ものを忘れること」。

play a part in ...「...することに一役演じている」。

---

cf. **play the part** of *Hamlet.*
『ハムレット』の役を演ずる。
He **played an** important **part** in politics.
彼は政界で重要な役割を演じた。

---

in making(V) **human beings**(O) **happy**(C)「人間を幸福にすることにおいて」。

②の試訳、「ものを覚える喜びは、たしかにこれを高く評価しなければなりませんが、しかし同時にまた、ものを忘れることも、人間を幸福にするために一役演じていると、私は信じております」。

❸ この sentence の主部 **Some of the unhappiest people in the world**（この世でいちばん不幸な人たちの中のある人たち）の Some（ある人たち）が主語で、主格補語は **those**（＝people）です。S＋V＋C、第 2 文型の sentence ですね。この Some は、次の例文の場合のように最終的に訳出しましょう。

---

cf. **Some** say this and **others** say that.
こう言う人々もあるし、またああ言う人々もいる。

---

injuries inflicted on them in the past の inflicted は他動詞の過去分詞

ですから(加えられた)という受身形の形容詞になり、injuries(様々な危害)に
かかる形容詞として機能しています。「昔、彼らに対して<u>加えられた危害</u>」。

③の試訳、「この世でいちばん不幸な人々の中には、昔、自分に対して加えら
れた様々な危害をどうしても忘れることができない人々がいるのである」。

実際、私ほど不幸な人間はありませんと、自分が味わった他人の恩知らず、薄
情、迫害などをどうしても忘れることができず、これを数え上げて我身の不幸
を託(かこ)つ、哀れな人々は少なくありません。しかしまた一方、これとは反対に、

❹ **Others** という主語も、③の **Some** という主語の場合と同じように、最終
的に処理することにしましょう。

wrongs(that)**they have done others** 省略されている目的格関係代名
詞 that の先行詞 wrongs(悪、罪)が have done の直接目的語になっており、
others(他人)が間接目的語で、wrongs 以下は第4文型、SVO₁O₂の形になっ
ています。

④の試訳、「同じように、自分が他人に対して犯した罪を忘れることができな
いがゆえに、みじめで不幸な人々もいるのです」、たとえばトルストイの晩年の
大作『復活』の主人公、ネフリュードフが、若き日にカチューシャを犯した罪
の結果、この可憐(かれん)な少女が、売春婦に転落したことを知ってからの悔恨と苦し
みなど、その一例として考えられるでありましょう。③と④は、いずれも、忘
却することができないがゆえに生ずる不幸の実例です。

❺ この文中の **so** . . . **that** ~ の係り結びは、後ろから「~するように、その
ように . . . である」と処理しなければなりません。that 以下は、so にかかって
いる副詞節です。

---

cf. You must **so** instruct them **that** they will not repeat the
mistake.
彼らがその過ちをくりかえすことがないように、教えてやらなければな
りません。

---

be constituted「構成されている→作られている、出来ている」。

would like＝should like、願望をあらわし、「 . . . したい」。

would prefer は、ほとんど would like と同じなのですが、再度 would
like を使うことを嫌って、like の類語の prefer を用いたのです。

⑤の試訳、「人間というものは、実際、覚えておきたいと願うことは忘れてし

まい、忘れたいと願うことはいつまでも覚えているように(そのように)作られている[出来ている]存在なのです」。

❻ should は「当然、義務」をあらわす should です。

both those weaknesses「そういう2つの弱点[欠陥]」、忘れたいことは覚えており、覚えておきたいことは忘れてしまう、この2つを、筆者は、人間の2つの弱点だと言うのです。

⑥の試訳、「そのような弱点を、2つとも克服するために、記憶力は訓練されるべきである、と私は考えている」。

この筆者の考えに即して考えると、この世で最も幸せな人間とは、忘れたい嫌なことは、すみやかに忘れ、自分にとってよいことは、しっかりと忘れずに覚えている人ということになりますね。そして、そのように都合よく参らないのが人間の本性であるとも申しています。この一文は、ともすれば見逃されやすい、忘却することの重要性、忘れることができればこそ、人間は何とか生きていくことができるのだというひとつの事実を指摘すること、そこに力点が置かれている文章であると、老生は読みました。とかく世の中は、とりわけ自分の心というものは、自分の思うようにはなってくれないものです。

［全訳］

　記憶力練成教室なるものが、今日、大変な人気を呼んでいます。そして、私たちがたくさんものを覚えれば覚えるほど、私たちはいよいよ幸福になるのだという考えが、もう当たり前のこととして通用しているように思われます。ものを覚える喜びというものは、たしかに高く評価しなければなりませんが、しかしまた同時に、ものを忘れることも、人間を幸福にするために一役演じていると、私は信じております。この世でいちばん不幸な人々の中には、昔、自分の身に加えられた様々な危害を忘れることができない人々がいるのであり、同様に、昔、自分が他人に対して犯した罪を忘れることができないがゆえに、みじめで不幸な人々もいるのです。人間というものは、まことに、覚えておきたいことは忘れ、忘れたいことは覚えているように、本来作られている存在なのです。この2つの弱点を2つとも克服するために、記憶力は練成されるべきだと、私は思っています。

14 「顔」についての考察 ═

　人間の顔というものは、他人の顔でも自分の顔でも、とかく気になるもので
す。これについての考察を、今回は読むことから始めましょう。

---

　① Most of us think a good deal about faces: about our own
with vanity, resignation, anxiety and the unease brought on
by self-consciousness, about other people's with love or
hatred, admiration or envy, distaste, amusement, ridicule,
indifference.　② We also think about other people's faces
speculatively, wondering how much we understand of what
we see and if we understand rightly.　③ One's own face,
however, is too much part of one's being, too closely
identified with the emotions of one's private life, for any
objective judgement to be made on it.　④ There seems to be a
barrier within the mind which makes it impossible for one to
look at a portrait or a photograph of oneself, still less a
reflected image in a mirror, dispassionately.

---

　❶ **Most of us think a good deal about faces**「私たちの大部分が大いに
考えるのは、お顔のことである」。a good deal は程度を示す副詞句で「大い
に」、about　faces（お顔について）も副詞句で think にかかり、①の主語は
Most of us の Most、述語動詞は think ただひとつで、この think に、about
に始まる副詞句、with に始まる副詞句が：（コロン）以下に計４つも付いていて
長い sentence になっていますが、文構成は S＋V で第１文型であるに過ぎま
せん。

about our own (faces), **about other people's** (faces)のどちらにも省略された faces を補って考えること。すると「自分自身の顔について、他人の顔について」。

with vanity, resignation, ... (自惚れ、あきらめ、... を持って) **think**(考える)と繋がるのですが、with 以下は考えることの結果を示す副詞句として処理し「...について考えて、自惚れたり、あきらめたり」と訳しましょう。

これに続く **about other people's** (faces), **with love or hatred, ...** も同様で「他人の顔のことを考えて、愛情を覚えたり、憎いと思ったり...」と処理しましょう。

the unease brought on by self-consciousness　brought on は句動詞 bring on (引き起こす)の過去分詞で unease にかかる形容詞句。すると「自意識によって引き起こされる不安」が直訳ですが、これではよくわかりません。

self-consciousness (自分を意識すること)とは、ここでは周囲の人々の目を気にする意識にほかなりません。私たちは自分を意識するためにも周囲の人々に見られていることをはっきり知ること、つまり他人の存在が必要なのです。若い人たちが、すぐ顔を赤くしてはじらうのも、どぎまぎするのも、この自意識のためですね。青春期はこの自意識が特に過剰で、それが青年を美しくもし、また不器用にもしているのです。「まわりの人々の目が気になることから生ずる不安」と訳しておきます。

①の後半の試訳「自分自身の顔のことを考えて、自惚れたり、あきらめたり、心配したり、さらに、まわりの人の目が気になることから生ずる不安を覚えたりする。また他人の顔のことを考えて、好きだと思ったり、憎いと思ったり、素敵だと思ったり、うらやましいと思ったり、嫌な感じと思ったり、面白い顔だと笑ったり、お笑い草だと思ったり、どうでもよい顔だと思ったりする」。

ややユーモラスな書き出しですが、自分の顔に対して、また他人の顔に対して私たちが起こす反応の記述には、この筆者の並々ならぬ、しつこいと感じられるまでの思考力、分析力が、自分の経験を緻密に観察し点検する力が感じられませんか。

❷ **speculatively**「沈思して、内省的に→つくづくと」、think にかかる副詞。

, wondering 継続的に処理する分詞構文です。and で接続し wondering を前節の動詞 think の時制に合せて wonder と書きかえます。

how much ... 以下と **if we** 以下の節はいずれも wonder の目的語になっ

ている名詞節です。how much 以下は「私たちがいま見ているもの[顔]について、どのくらい理解しているのだろうか、ということ」。

　また if we... 以下は「私たちは正しく理解しているかどうか、→私たちの理解は果して正しいかどうか、ということ」、この2つのことを we wonder「私たちは(怪しみ)考える」のです。wonder if...（＝wonder whether...）「...かどうかと思う、...かしら」。

> *cf.* I **wonder if** I might ask you a question.
> 　あなたにひとつ、質問をしてもよいかしら。

　さて、ここまでは、本題に入るための導入部でありました。次の however「しかしながら」からがこの文章の主題なのです。

❸ One's own face, however, is **too much** part of one's being, **too closely** identified with the emotions of one's private life, **for** any objective judgement **to** be made on it.

　One's own face (自分自身の顔というもの)が主語で、述語動詞 is は主格補語 part と過去分詞 identified の両方に接続しており、part の前に置かれた **too much** という副詞句、identified という過去分詞の前に置かれた **too closely** という副詞句が **to** be made... の to と結びつき too...to と係り結んでいます。そして for が指示する to be made の意味上の主語 any objective judgement が間に入りこんでいるので、かなり複雑な文構造ですね。

> *cf.* The book is **too** difficult **for** me **to** read.
> 　その本は、僕が読むには難しすぎる。
> 　→その本は難しすぎて、僕にはとても読めない。

　❸の試訳「しかしながら自分自身の顔というものは、あまりにも自分という存在から切り離せぬ一部と化しているがゆえに、私たち一人ひとりの個人生活に生ずる喜怒哀楽の感情とあまりにも密接不可分に一体化しているがゆえに、こと自分の顔に関しては、いかなる客観的な判断をも下すことはできないのである」。

for any objective judgement to be made on it「いかなる客観的な判断も、それ[自分の顔]に対して、なされうるには」あまりにも...すぎると続い

ているのですが、この to be made on it のところは voice を転換して to make any objective judgement on it とし、試訳のように処理しましょう。

❹ **There seems to be a barrier within the mind**「私たちの心の中には、ひとつの障壁のようなものがあるように思われる」。

which の先行詞は前の a barrier (障壁)ですから、ここは a barrier(S) makes(V) it(O) impossible(C) であり、第5文型です。

そして it は形式目的語、it の内容は **to look at a portrait** . . . to 不定詞の名詞句となっており、impossible は目的格補語、to look at の意味上の主語は for one の one。for はその目的語の one が to 以下の主語であることを指示する前置詞です。いわゆる it . . . for . . . to の文構造ですね。

still less＝much less「さらに[もっと、いわんや]. . .でない」。

dispassionately「感情を交えずに、平静に、客観的に」。look at にかかる副詞です。

④の試訳「私たちの心の中にはある障壁のようなものがあって、それに妨げられて、自分の肖像画や写真を、いわんや鏡に映る自分の姿を、感情を交えずに客観的に眺めることは、どうしてもできないように思われる」。

人間はついにおのれ自身の顔については客観的にこれを見ることはできないのはなぜか、これに対するこの筆者の分析は、かなり深くまで及んでいます。自分の顔はあまりにも自分の一部と化していて、これを自分と切り離して見ることができないからだ。笑うにつけ怒るにつけ泣くにつけ、その顔を本人が見ることはできないでしょう。そしてこれは顔についてだけのことではない。人間がいちばん客観的になれないのは自分自身に対してなのだ。そして対象が自分から切り離され遠く離れていけばいくほど、それだけ人間は客観的に眺める立場に立てるのだと言っているのです。

a barrier とは、恐らく人間の自愛心、egoism のことであると推定してよいでしょう。星を観測する時の天文学者の目が最も客観的な(＝objective)目でありましょう。そして客体が身近なものになればなるほど、それに対する客観性は私たちから去って行くのです。誰もわが子を、蛇やゲジゲジを見る目と同じ目で見ることはできない、星や木の葉や石を見るように、私たちは愛する人を、そしてとりわけ愛するおのれ自身を見ることはできないからです。実生活において、人間があらゆる感情、価値判断を離れて客観的にものを見る、とりわけおのれ自身を見るということは、夢のまた夢と言えるかもしれません。

［全訳］

　私たちの大部分が大いに考えこむのは、お顔のことである。自分自身の顔のことを考えて、自惚れたり、あきらめたり、心配してみたり、他人の目が気になることから生ずる不安を覚えたりする、他人《ひと》の顔のことを考えて愛情を感じたり、憎しみを覚えたり、素敵だと思ったり、うらやましいと思ったり、いやな顔だと思ったり、おかしな顔と笑ったり、お笑い草と思ったり、どうでもよい顔だと思ったりする。私たちはまた他人の顔のことをつくづくと考えて、自分はいま見ているこの顔を、どのくらい理解しているのであろうか、理解している心算だが、その理解に間違いはないのかしらと思ったりもする。しかしながら、自分自身の顔というものは、あまりにも自分という存在から切り離せぬ一部と化しているがゆえに、私たち一人ひとりの生活に生まれる喜怒哀楽の感情と、あまりにも密接不可分に一体化しているがゆえに、こと自分の顔に対しては、いかなる客観的な判断をも下すことはできないのである。私たちの心の中にはある障壁のようなものがあって、それのために、私たちは自分の肖像画や写真を、ましてや鏡に映る自分の姿を感情を交えずに客観的に眺めることは、どうしてもできないように思われる。

15 十人十色

「十人十色」という諺があります。英語では It takes all sorts to make a world. この英文がどうして「十人十色」にあたる内容となるのか、まずそのあたりから考えて、次の英文と付き合ってみて下さい。

---

① Of the fact that it takes all sorts to make a world I have been aware ever since I could read. ② But proverbs are always commonplaces until you have personally experienced the truth of them. ③ The newly arrested thief knows that honesty is the best policy with an intensity of conviction which the rest of us can never experience. ④ And to realize that it takes all sorts to make a world one must have seen a certain number of the sorts with one's own eyes. ⑤ Having seen them and having in this way acquired an intimate realization of the truth of the proverb, one finds it hard to go on complacently believing that one's own opinion, one's own way of life are alone rational and right. ⑥ This conviction of man's diversity must find its moral expression in the practice of the completest possible tolerance.

---

❶文頭の **Of the fact that** . . . の of は、**I have been aware** に接続しています。be aware of . . . 「. . . を意識する、. . . に気づく、. . . を知る」。that は、the fact の内容を述べる同格的名詞節を導く接続詞です。the fact that . . . 「. . . という事実」。

it takes all sorts to make a world 「(諺)世の中の人は様々、十人十色」。

115

it は形式主語で to 以下がその内容です。「世の中を作ること、それはあらゆる種類の人間を必要とする」が直訳です→「世の中を作り上げるためには、あらゆる種類の人々が必要である」。

---

cf. It **takes** a poet to translate poetry.
　詩を翻訳するためには、詩人の才が必要である。

試訳「世の中の人は様々[十人十色]という事実については、私が文字を読めるようになった子供の頃から、つとに知ってはおりました」。

❷ **commonplaces**「陳腐でつまらぬ言い草」。**have personally experienced**「身をもって経験してみる」。**the truth of them**「諺というものが真実であることを」。

❸ **The newly arrested thief**「いま捕まったばかりの泥棒は→泥棒は司直の手にとらえられてはじめて」。

honesty is the best policy「正直は最上の政策[方策]なり」。衆知の諺。

with an intensity of conviction「痛切な確信をもって→痛切にあの諺は本当だと」。**knows**（思い知る）にかかる副詞句。

the rest of us「私たち、他の人々が[その泥棒以外の人々が]」。この of は the rest と us が同格であることを示す前置詞。

❹ **to realize that** . . .「. . . を本当に知る[しみじみ実感する]ためには」。この realize は「実感する、悟る」で、「実現する」のほうではありません。

one must have seen a certain number of the sorts . . .「ある数のそういう多種多様の人々を[十人十色の人々を]見た体験がなければならない」。

must have seen 現在の助動詞＋have＋過去分詞は、現在から過去のことを判断もしくは推定していることを示します。

---

cf. He **may have been** a rich man.
　彼は以前は金持ちであったらしい。

---

with one's own eyes「自分自身の目でもって」。must have seen にかかる副詞句。

❺ **Having seen them and having** . . . **acquired** . . . **the truth of the proverb,** 2つの完了形の分詞構文が続いています。この2つの having の意

116

味上の主語は、これに続く主節の主語 one です。この2つの副詞句を節に書き直すと、when one has seen them and has aquired... となります。**acquire an intimate realization**＝realize intimately「しみじみと理解する[悟る]」。試訳「十人十色の人々を（自分の目で）見て、この経験によって（＝in this way）あの諺が真実であることをしみじみと悟った暁^{あかつき}には」。**one**(S) **finds**(V) **it**(O) **hard**(C) **to go on complacently believing**...の it は形式目的語で to 以下がその内容。hard は目的格補語で第5文型の sentence です。believing は動名詞で go on (続ける)の目的語。

> *cf.* He **went on talking** as if nothing had happened.
> 彼は何も起らなかったかのように話し続けた。

complacently「得意になって、得々として」**one's own opinion, one's own way of life**「自分ひとりの考え方、自分ひとりの生き方」。**are alone rational and right**「ただそれだけが（＝alone）理に叶^{かな}ったものであり、正しいのである」と「得々として信じ続けることは、もう難しくなるのである」と続いています。

❻ さて、この文章の主題の核心に入ります。

This conviction of man's diversity「人間の多様性にかかわるこの確信」→「人間は十人十色、様々であることを、こうして納得し確信すること」。

must「必ず...するはず」。必然性をあらわす must。

find its moral expression in find expression in...「...に表現を見出す」→「...となってあらわれる」。

> *cf.* This desire for freedom **found expression in** the French Revolution.
> 自由を求めるこの欲求は、フランス革命となってあらわれた。

its は This conviction を受けています。そして expression に moral という形容詞が付いていますから、この moral を副詞のように処理して、「道徳的には[倫理的には]...となってあらわれる」と処理しましょう。

the practice of the completest possible tolerance「（人間に可能な）最も完全な寛容という美徳の実践」。この possible は、最上級の形容詞や all を、さらに強調したい気持ちをあらわす場合に付加される形容詞です。possible の

ほかに imaginable を付すこともあります。

> *cf.* We must provide against **all possible** events.
> 　考えられるすべての出来事に備えて用意しておかねばならない。
> This is **the best** method **imaginable**.
> 　これが(考えられる)いちばん良い方法です。

　「世の中の人は様々、十人十色」、この諺が真実であることが骨身にしみてわかれば、必然的に、自己の考え方、生き方とは異なる、もしくは対立する他者の考え方、生き方を尊重し、これを許容する寛容の美徳の実践となってあらわれるはずだ、というのが、この一文の骨子です。ヨーロッパにおける Liberal Education (高等教育)の仕上げが、外国旅行、世界旅行であったことは、これと深く結び付いているのです。国や民族が違えば、考え方も信仰も慣習も異なるのであって、この「世の中の人は様々、十人十色」という諺を体験するための最終の教育課程が、外国旅行であったのでした。あらゆる独善的傾向から離れたリベラルな寛容さを身につけよと、筆者は暗黙に勧奨しているようです。

［全訳］

　「世の中の人は様々、十人十色」ということについては、文字を解するようになった子供の頃から、私がつとに知っていることでありました。しかし諺、格言というものは、その諺が真実であることを、身をもって体験してみるまでは、陳腐でつまらぬ言葉であるのが常であります。泥棒は司直の手につかまってみてはじめて、「正直は最良の政策なり」という諺を、私たち余人には決して経験できない痛切さをもって、なるほどと思い知るのであります。そして「世の中の人は様々、十人十色」という諺も、これを本当に知るためには、その十人十色の様々な人々を、ある数まで自分自身の目で見た経験がなければなりません。十人十色の人々をわが目で見て、そしてこうしてこの諺が真理であることを、しみじみと悟るに至った暁には、人はもう、自分ひとりの考え方、自分ひとりの生き方だけが、理にかなった正しいものであると、得々として信じ続けることは難しくなるのであります。人間が十人十色、様々であることを、こうしてよく納得し確信した結果は、必ず、人間に可能な、最も完全な寛容の美徳の実践となってあらわれるはずであります。

16 競争について

競争は、戦いは、何人もこれを回避することのできない人生の与件のひとつです。

---

① I do not think that ordinary human beings can be happy without competition, for competition has been, ever since the origin of Man, the spur to most serious activities. ② We should not, therefore, attempt to abolish competition, but only to see to it that it takes forms which are not too injurious. ③ Primitive competition was a conflict as to which should murder the other man and his wife and children; modern competition in the shape of war still takes this form. ④ But in sport, in literary and artistic rivalry, and in constitutional politics it takes forms which do very little harm and yet offer a fairly adequate outlet for our combative instincts. ⑤ What is wrong in this respect is not that such forms of competition are bad but that they form too small a part of the lives of ordinary men and women.

---

❶ **I do not think that ordinary human beings can be happy** . . . = I think that ordinary human beings can not be happy . . . 主節の not を従属節に移して訳しましょう。日本人と英米人の表現の仕方の相違点のひとつです。

> *cf.* I **don't** think (that) it will rain. → I think (that) it will not rain.
> 雨は降らないだろうと思う。

without competition「競争というものがなければ」。**ever since the origin of Man**「人類のはじまりから[アダムとイブの昔から]ずっと(= ever)」。**the spur**「拍車、(拍車を入れると馬が走り出すように何かを促す)刺激、原因[原動力]」。

①の試訳「普通一般の人間は、競争というものがなければ、幸せにはなれないと私は考えている、なぜなら競争こそ、人類のはじまり[アダムとイブの昔]から、人類の重大な活動の大半を促す原動力となってきたからである」。

ordinary human beings(普通一般の人間)と、わざわざ ordinary という形容詞が付いていることに注意。これは非凡な人、天才は別にして、の意にほかなりません。別に競争を強制されなくても自発的に努力できる人は稀であって、自ら課題を発見してこれと挑み戦うことができる天才は別にして、の気持ちが言外に含められて「普通一般の人は」と言っているのです。

❷ **We should not, therefore, attempt to abolish competition but only to see to it that** の . . . not . . . but の係り結びを見落とさないこと。only to see to it that は we should attempt only to see to it that と、述語動詞 attempt と連結して読まねばなりません。

see to it that . . .「. . . するように注意する[配慮する、取りはからう]」。see to「注意する、配慮する、取りはからう」の意。it は that 以下の内容と考えてよいでしょう。

②の試訳「それゆえ、私たちは競争をこの世からなくすように努力すべきではなくて、ただ競争があまりにも被害が大きい形のものにならないように配慮すべきなのである」。

❸ **Primitive competition**「原始時代の競争とは」。

as to「. . . に関する、. . . にかかわる」。この前置詞句の目的語は、疑問代名詞 which に始まる名詞節です。すると主格補語の a conflict にかかる as to 以下は「どちらが相手を殺し、さらに相手の妻子を殺すか、にかかわる[を決する]闘争」となります。

modern competition in the shape of war「戦争という形を取って行われる現代の競争は」。**still**「旧態依然として」。**this form**「この原始時代の競争形式」。

❹ **in literary and artistic rivalry**「文学者同士の、また芸術家同士の張り合い、競争の場合」。これが秀れた作品となって実りを結んだ例は、たとえば

ゲーテとシラー、ピカソとマティス、芥川と志賀、谷崎など、洋の東西に数限りなくありましょう。

in constitutional politics「立憲政体を持つ国における政争の場合」。

it は competition を受けます。

do very little harm「災害を及ぼすことはほとんど皆無にひとしく」。**and yet**「それなのに、それでいて」。**a fairly adequate outlet for our combative instincts**「私たちの闘争本能に対してまずまず適切な捌け口」。

この筆者は、人間には程度の差こそあれ闘争本能が内在していると考えているようですが、私もそう思います、特に男性には。

❺**What is wrong in this respect**「この点で困ったことは」。

次の **not . . . but** の係り結びも見落さぬこと。主格補語として機能している 2 つの that 節が、<u>not</u> that . . . <u>but</u> that と連結されています。

such forms of competition are bad（そういう形式の競争も悪である）ということではなくて、**they form too small a part of the lives of ordinary men and women.**（そういう形式の競争が、普通一般の男女の生活で占めている部分があまりにも小さすぎる）ことである、と述べてこの一文は終わっています。

競争がないところに一般人の成長も幸福もありえない、競争はすべての、人間に内在する闘争本能に根ざしているものであり、古来から人類の進歩と幸福を招来せしめる原動力でもあるがゆえに、この競争を根絶させることに私たちは努力すべきではなく、ただ破壊と殺戮によって行われる競争形式を、生産と創意工夫による競争形式に代える努力をなすべきであり、かかる競争を現代の男女の世界にむしろ振興し増大させるべきであるという明快な論旨でありました。

［全訳］

　普通一般の人間は、競争というものがなくては、幸福にはなれぬと私は考えている、なぜなら競争こそ、人類のはじまり、アダムとイブの昔からこれまで、人類の重要な活動の大半を促す原動力となってきたものであるからだ。それゆえに、私たちは競争をこの世から根絶させようと努力すべきではなくて、ただ、競争の形が、あまりにも被害が大きすぎるものにならないように

配慮すべきなのである。原始時代の競争は、どちらが相手を、さらに相手の妻子を殺戮するかを決する闘争であった。戦争という形で行われる現代の競争は、依然として、原始時代のこの形式を取っているものである。しかしスポーツの場合は、文学者同士、芸術家同士の張り合い競争の場合、さらに立憲政体を持つ国の政争の場合は、競争が実害を及ぼすことは皆無にひとしく、しかも、私たちの闘争本能に対して、まずまず適切な捌け口を与えてくれる形を取っているのである。この点で困ったことは、そういう形の競争も悪であるということではなくて、かかる競争が、普通一般の男女の生活に占めている部分があまりに小さく少なすぎるということなのだ。

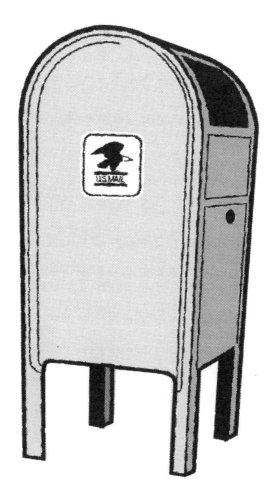

17　義務的な仕事 ==========

　人間が生きていくためには、どうしてもやらなければならない仕事、皆さん
の学校における課業もそのひとつですが、義務的な仕事の持つ意味を考察した
のが次の英文です。この特定の問題から、筆者がどのような一般論に、人間の
本質にかかわるどんな透察に至っているか、さあ、考えてみましょう。

---

　① Most of the work that most people have to do is not in
itself interesting, but even such work has certain great advan-
tages.　To begin with, it fills a good many hours of the day
without the need of deciding what one shall do.　② Most
people, when they are left free to fill their own time according
to their own choice, are at a loss to think of anything suffi-
ciently pleasant to be worth doing.　③ And whatever they
decide on, they are troubled by the feeling that something else
would have been pleasanter.　④ To be able to fill leisure
intelligently is the last product of civilization, and at present
very few people have reached this level.　⑤ Moreover the
exercise of choice is in itself tiresome. Except to people with
unusual initiative it is positively agreeable to be told what to
do at each hour of the day, provided the orders are not too
unpleasant.

---

❶ **Most of the work that most people have to do** が sentence の主部
で Most (大部分、大半) が主語です。「大抵の人々がやらなければならない仕事
の大部分は」。つまり義務的な仕事のこと。

in itself「それ自体としては[本来、元来]」。

> *cf.* It is not harmful **in itself**.
> それは、<u>それ自体としては</u>[本来は]害のあるものではない。

しかし次の in itself はどうでしょう。

> *cf.* It is a miracle **in itself**.
> それは、<u>それ自体が</u>既に奇跡である。

in itself という副詞句の意味の違いを判断するには、文章の前後関係を考えるよりほかはないのです。

but even such work「しかし、そういう[それ自体としては面白くない]仕事であっても」。どんな仕事であっても、それが義務的なお勤めとなると、もう面白いとは言えない性質を帯びてくるものです。

certain great advantages「いくつかの大きな利点[長所、取柄]」。

To begin with「まず第一に」。**it fills a good many hours of the day**で it fills「それ[その仕事]が埋めてくれる→その仕事のおかげで埋まる」、good は many という形容詞の程度を示す副詞で「かなり、相当」に当たります。**without the need of deciding what one shall do**「これから何をするか、いちいち決める必要なしに」、fills（埋めてくれる）にかかる副詞句ですが、ここでは結果的に処理して「これから何をするか、いちいち決める必要がなくなるのである」と語順どおりに訳しましょう。

面白いとか、楽しいなどとはまず思えない義務的な仕事のありがたさは、その仕事のおかげで、1日のかなり多くの時間が埋まって、今日は何をしようかと自分で決めなければならないわずらわしさ、苦しさを味わわないで済むことにあると、この筆者は最初に指摘します。そして自由というものが、実は人間に、普通人には背負い切れないほどの重荷であり、苦しみなのであるというこの一文の主題に入っていきます。

❷ **Most people**「大抵の人々、つまり普通の人は」。

when they are left free to fill their own time . . . の they are left は「(彼らが)放任される[まかされる]」、free to 以下は、放任される主語 they の置かれている状態を説明する主格補語として機能しています。つまり they are

124

free to fill their own time（彼らは自由に自分の時間を埋められる）状態にあるのです。be free to . . .「自由に . . . する」。

> *cf.* He was left **free to** do as he liked.
> 彼は好きなようにやれと言われた（放任された、任された）。

according to their own choice「彼ら自身の好みに従って→彼らの好きなように」。

when 以下の副詞節の試訳「彼らは［大抵の人々は］自分自身の時間を、自分の好きなように自由に埋めてよいと放任されると［言われると］」**are at a loss to think of anything**「何かを思いつこうとして途方にくれる→何ひとつ思いつけないで途方にくれる」。at a loss「途方にくれる、困惑する」。**to think of** はこの場合「思いつく」の意味で、be at a loss にかかる副詞句です。

> *cf.* He was **at a loss** (to know) what to do.
> どうしたらよいか（わからなくて）、彼は途方にくれた。

sufficiently pleasant to be worth doing で sufficiently . . . to be〜は「〜であるほど十分に . . .」、pleasant（楽しい）に連絡しています。pleasant はもちろん anything にかかる形容詞です。

are at a loss 以下の試訳は「やるだけの価値があるほど、充分に楽しいことを何ひとつ思いつけないで途方にくれるものである」となります。

❸ **And whatever they decide on**「そして何をやることに決めても」、譲歩の副詞節、on を whatever の前に移して考えること。

they are troubled by the feeling that . . . の that は、the feeling の内容を説明する同格的名詞節を導く接続詞。「. . . という感情によって彼らは悩まされる→. . . という気がして彼らは後悔する」。

something else would have been pleasanter の would have been は助動詞の過去形＋have＋過去分詞です。仮定法過去完了だと見当をつけ、pleasanter が比較級であることにも注意しましょう。すると if 節に当たる内容が主語の something else に内在していることが見えてくるはずです。「何か別のことをやったほうが、もっと楽しかったであろうに」。

以上が、自分の好きなように使える時間を持った時に、普通の人々の持つ心

理状況なのだと言うのですが、思い当たる点が皆さんにもあるでしょうか。

❹ **To be able to fill leisure intelligently** to 不定法の名詞句が、この sentence の主語です。「レジャー時間を聡明に埋めることができることは」。

is the last product of civilization この the last に注意。

> *cf.* He is **the last** man to tell a lie.
> 彼は嘘をつく一番最後の人だ→彼は決して嘘をつかぬ人だ。
> She was **the last** person (that) I had expected to see there.
> よもやそこで彼女に会おうとは、私は夢にも思っていなかった。

is 以下の試訳「どんなに文明が進んでも容易に達し難い水準の産物なのであって」。**at present**「今日、現在」、**very few people have reached this level**「この水準にまで達している人は、ほとんど皆無に等しいのである」。

　自分の自由に使える時間を、聡明に美しく埋めるためには、実は非凡な才能と強い意志の力、高い倫理性が必要なのです。凡人はその leisure を無為に過ごすのが関の山で、愚かなことに、いやよからぬことに用いることも少なくないのです。「小人閑居すれば不善を為す」とは古人の嘆きでありましたし、この国の諺にも「猫に小判」「豚に真珠」「狂人に刃物」というのがあります。これに「愚人にレジャー」をつけ加えてよいかもしれません。

❺ **Moreover**「さらに」、**the exercise of choice is in itself tiresome**「選択を行うことは、それ自体が既に厄介な仕事である」、exercise「行使→行うこと (動名詞的に処理すべき抽象名詞)」、この in itself は「それ自体が (既に)」のほうですね。何から何まで一切を自分の自由意志で選択して生きねばならぬとすれば、これほど厄介で苦しいことはないと申せましょう。少なくとも凡人にとってはそうだ、ただし非凡な天才は別だが ... と、この一文の筆者は結びます。**Except to people**「人々にとっては別にして→人々の場合は別であるが」。この副詞句の前置詞 except の目的語は、次の前置詞の to です。

> *cf.* He was elected **from among** the many.
> 彼は、多くの人々の中から選出された。
> The moon appeared **from behind** the cloud.
> その雲の後ろから月が出てきた。

with unusual initiative people を修飾する形容詞句、「人並みはずれた積極性［進取の気象］にめぐまれた」人々。

it is positively agreeable to be told what to do は it . . . to の構文、it は形式主語で to 以下がその内容を示す名詞句。「なすべき仕事を命令されるほうが絶対に快適で楽なものである」。**at each hour of the day**「１日の１時間ごとに」、**provided** (that)＝if ここでは条件を示す。

provided the orders are not too unpleasant「その命令がひどく不愉快なものでない限り」。この too は very に近い副詞。

　非凡な人、天才は別として、一般の人々にとっては自由というものは、実際は背負うことの難しい重荷なのであって、絶対的な自由ほど辛い恐ろしい状態はないのであり、われに与えよ、と万人が切望するこの自由を聡明に活用するためには、実は非凡な才能と精神の高い倫理性が必要であるという所論でありました。筆者はバートランド・ラッセルです。

［全訳］

　大抵の人々がやらなければならない仕事の大部分は、それ自体としては［本来］面白いものではないが、しかしそういう仕事にさえいくつかの大きな利点がある。まず第一に、その仕事のおかげで１日の中のかなり多くの時間が埋まって、今日は何をしようか、いちいち決める必要がなくなるのである。大抵の人々は、自分自身の時間を自分の好きなように自由に埋めてよろしいと言われると［放任されると］、やるだけの価値があるほど楽しいことを何ひとつ思いつけないで途方にくれるものだ。さらに、たとえ何をやると決めてみても、さて、何か別のことをやったほうがもっと楽しかったであろうという気がして後悔するものなのだ。レジャー時間を賢明に埋めることができるということは、どんなに文明が進んでも容易に到達できない高い水準の産物なのであって、今日、この水準にまで達している人々は、まず皆無に等しいのである。さらに自分で選択を行うということは、すでにそれ自体が厄介な仕事なのである。並はずれた進取の気象にめぐまれた人々の場合は別にして、(普通一般の人の場合には)１日の１時間ごとに、あれをやれ、これをやれと命令される方が、絶対に快適で楽なのである、ただし、その命令が極めて不愉快なものでない限り、という条件での話であるが . . .。

18 人性研究家の散文 (モラリスト)

　これはかなり難しい文章です。これはモラリスト（人間の本性を探究する文学者、たとえばパスカルやラ・ロシュフーコーのような文人）の文章です。私と一緒にじっくりと考えて下さい。

---

　① Men are passionate, men are weak, men are stupid, men are pitiful; to bring to bear on them anything so tremendous as the wrath of God seems strangely inept. ② It is not very difficult to forgive other people their sins.　When you put yourself into their shoes it is generally easy to see what has caused them to do things they should not have done and excuses can be found for them.　③ There is a natural instinct of anger when some harm is done one that leads one to revengeful action, and it is hard in what concerns oneself to take up an attitude of detachment; ④ but a little reflection enables one to look upon the situation from the outside and with practice it is no more difficult to forgive the harm that is done one than any other.　⑤ It is much harder to forgive people the harm one has done them; that indeed requires a singular power of mind.

---

❶ **Men are passionate, men are weak, . . . pitiful**「人間は激情にかられやすいものだ、人間は弱いものだ、人間は愚かなものだ、人間は憐れむべき存在だ」。

　各 sentence を繋ぐ接続詞を省略して、簡潔に文章をひきしめた、たたみこむ

ような文体に注意して下さい。人間の実体をこのようなものと断定して、この断定が正しければ、次の結論を下しても差しつかえあるまいと筆者は言うのです。こんな憐れな存在を神が罰することなど考えられないと。

to bring to bear on them anything so tremendous as the wrath of God は to 不定法の名詞句で、この sentence の主語。bring to bear on「...に集中する、...に向ける、...に加える」。かなり長い句動詞で、その目的語は them (間接目的語) と anything (直接目的語) の 2 つです。SVO₁O₂の第 4 文型ですね。

so . . . as ～の係り結びによって限定されている tremendous という形容詞は、もちろん anything にかかっています。「彼らに[こんな憐れな人間に]神の怒りなんてそんなとんでもない恐ろしい代物を向ける[加える]なんてことは」。**seems strangely inept**「奇妙なほど不適当なこと[そぐわないこと]に思われる」と続いています。

全知にして全能なる神、造物主なる神ともあろうお方が、怒りを発し、これを罰し給うにふさわしいほど人間は強く偉大な存在ではないのではないか、情に流されやすく、葦のように草のように弱く、愚かで、憐れむべき存在であるこの人間に、神がその怒りを向け、地獄に落とすなんてそんな恐ろしい罰を下すはずはないではないかと、この不信者の筆者は、何か苦笑しているかのような口吻です。何か苦いユーモアが感じられる文章です。そしてこの筆者はこの憐れな存在である人間ですら、同胞である他人の罪過を寛容に赦すことは可能なことなのである、まして全知全能なる神様ならば、なおさらのことであるはずだと説き進めていきます。

❷ **It is not very difficult to forgive other people their sins.** it は形式主語で to 以下がその内容、it . . . to ～の文構造です。

to forgive(V) **other people**(O₁) **their sins**(O₂)「他の人々に対して、その人々の罪を赦してやること」。

When you put yourself into their shoes put oneself into other's shoes「他人の立場に身を置く、他人の身になって考える」。「あなたが、他人の立場に立って考える場合には」。

そのためには想像力(imagination)と直観(intuition)が必要ですが、これがあれば、**it is generally easy to see** . . .「(. . .のことを)理解することは一般に難しいことではない」と言うのです。これも it . . . to ～の文型。この see＝

understand で、その目的語は what に始まる名詞節です。

what has caused them to do things (that) they should not have done は SVOC の第 5 文型。cause「⑯ ...の原因となる、(ある状態に)させる、(ある状態を)生ぜしめる、引き起こす」。them (他の人々)が to 以下の意味上の主語ですから、ここは「彼らがやるべきではなかったことを、何が原因で彼らはやることになったのかを」となります。

and excuses can be found for them すでに指摘したように、can be found のように助動詞の次に受身形が続く場合、これを直訳すると不自然な日本語になるのが普通です。voice (態)を転換し能動態に代え処理しましょう。by you を末尾に補うと and you can find excuses for them「そして彼らを赦すための口実をいくつも見つけてやれるのである」となります。

相手の身になって感じ考えてみる力、先述したようにこれは想像力の働きのひとつですが、この力があれば、他人の犯す罪過を寛容に赦してやることができるはずだ、自分自身の欠点や短所に対し、自分自身の犯す罪過に対して、私たちがほとんど無限に寛大で、これを赦しているように、と言うのですが、しかし、言うは易く行うは難し、と諺にもあるように、これがどんなに難しいことか、この筆者は十二分に心得ています。

❸ **There is a natural instinct of anger**「自然に生まれる怒りの衝動がある→自然に怒りの衝動がこみ上げてくる」。

when some harm is done one は There <u>is</u> にかかる副詞節。「人間に[自分に]対して、何らかの危害が加えられる場合」。do(V) one(O₁) some harm (O₂) (人に対して何らかの危害を加える)が受動態になると some harm is done one になります。

that leads one to revengeful action, that＝which で主格関係代名詞、先行詞は a natural instinct です。「人間を復讐的な行為へと導く(ところの)」、instinct(衝動)がある、と接続しているのですが、ここでは that 以下を継続的に、この語順どおりに「(自然に怒りの)衝動がこみ上げてきて、人間は復讐的な行為に出るものである」と処理します。

and it is hard . . . to take up an attitude of detachment も it . . . to の文構造です。「(自分を離れた)客観的な態度を取ることは難しいものである」。

in what concerns oneself「こと自分に関すること[問題]においては[になると]」。is hard にかかる副詞句。

この③の部分で、人間がどんなに情にかられやすいものか、目には目を、歯には歯をもって返すことが、人間の自然な本能であり、おのれのエゴイズムを離れて客観的に他人を見、他人の立場に身を置くことがどんなに難事であるかを十分に認めつつ、but(しかし)と、この筆者は、人間には次のことが不可能ではないのだ、と言い切っています。

❹ **but a little reflection**(S) **enables**(V) **one**(O) **to look**(C) **upon the situation from the outside** は SVOC の第5文型です。主語を副詞句に変え、目的語を主語のように変えて和訳しましょう。

> *cf.* This enabled me to go there.
> このおかげで、私はそこに行くことができた。
> That led her change her mind.
> あれで、彼女は考えを変えたのだ。

「しかし少し内省する力があれば、そういう状況をも外側から離れて眺めることはできるのであって」。

with practice「練習[習練]を積めば」。

it is no more difficult to forgive the harm that is done one than any other. これも it . . . to の文構造です。no more A than B＝not A any more than B (A でないのは B でないのと同じ、B と同様に A ではない)。

> *cf.* I can **no more** sing **than** I can fly.
> 私が歌えないのは、空を飛べないのと同じだ。

any other は one と同格関係にあります。than 以下の省略を補充すると、than (it is difficult to forgive the harm that is done) any other となります。

「自分に加えられる危害を赦すことが難しくないのは、ちょうど誰か他人に加えられる危害を赦すことが難しくないのと変わりなくなるのである」。

かくのごとく、少しの内省力があれば、類推して相手の立場、相手の身になる想像力があれば、人間は修練を積むにつれ、おのれに加えられる危害を寛容に赦せるようになることは、他人の身に加えられる危害や苦痛を平然と黙視することができることとなんら変わらない境地にも達しうると言うのですが、ここには痛烈なアイロニイも感ぜられます。

私たちは、他人に加えられる苦痛や危害を、それが他人事(ひとごと)である限り、なんと平然と黙視できる存在であることか。しかし内省力と想像力があれば、愚かな、弱い、憐れむべき人間も、おのれに加えられる危害を寛容に赦せる境地に達しえるのである、ましてや全知全能の神にして人間の罪過を赦し給わぬはずはないと断じて、筆者は次の実に難解な所見を付してこの一文を閉じています。

❺ **It is much harder to <u>forgive</u>**(V) **people**(O₁) **the harm**(O₂) **(that) one has done**(V) **them**(O) これも it . . . to の文構造。much は主格補語 harder をさらに強める副詞です。直訳すると「人々(people)に対して、自分(one)がその人々に対して犯した危害(the harm)を赦してやることのほうが、はるかに難しいことである」→「自分が人々に対して危害を加えた時、その被害者である人々を赦すことのほうがはるかに難しいのである」。

　これは一見奇妙な 逆説(パラドックス) のように思えます。被害者が加害者を赦してやるよりも加害者のほうが被害者を赦してやるほうがはるかに困難だと言うのですから。

　そして筆者は、**that indeed requires a singular power of mind.**「実際、そのためには、特殊な知力が必要であるからだ」と簡潔にその理由を述べて、あとは口を噤(つぐ)んでいます。

　主語の指示代名詞 that は、加害者が被害者を赦すこと、を指しています。**a singular power of mind**「特殊な知力」。

　mind は、人間の心、精神の知的な機能、つまり brain の働きのことです。**heart** は人間の心の情緒的な機能をあらわし、**soul** は良心(conscience)の所在するところ、宗教的倫理的意味を持つ霊魂、魂を指し、**spirit** は、肉体的な energy(エネルギー) とはまた別個に存在すると思われる精神の energy、気力、勇気、闘志の発する源泉を意味し、また超自然的な力を持つ精霊などをも意味しています。これはあくまでも大雑把な区別のつけ方で、互いに重複する事例も少なくないのですが、人間の心の働きを mind、heart、soul、spirit と 4 つの機能に英語では分類していると考えてよいのです。

　さて、この特殊な知力とは、どういう能力のことを言っているのでしょうか。人間というものは、自分に対しては、ほとんど無限にと言ってよいほど甘く寛大なものであって、究極においては自分自身を憎み切ることはできない、従って自分がどんな危害や苦痛を他人に与えても、そのことで自分を咎(とが)め呵責(かしゃく)することにもおのずから限界のようなものがあって、その限界を超えると、かえっ

て自分が被害を与えた相手が憎くなるものだ。自分を呵責する苦痛を与えているのは、おのれの犯した行為の自覚であることは言うまでもないが、同時にその被害者が存在していて、おのれの罪過を思い出させるからでもあるがゆえに、いつの間にか、自分に対してのみ向けられるべき憎しみが、無意識のうちに被害者の上に転嫁されていくことになりかねないのです。人間はついにおのれ自身を憎み切ることはできないからです。

　たとえば、いつも頭の上がらぬ思いのするいわゆる恩人には、あまり会いたくなくなってくるもので、会うことを避けることができない場合には、ついにひそかに、あるいは知らず知らず、その恩人を嫌い憎み出すことにもなりかねないのです。そして恩人を憎む口実を探し出すのには何の手間暇をも要しはしまい、相手がこちらに浮べて見せる楽しげな微笑を、恩人顔をして...とひがんで考えるだけですでに十分でありましょう。

　自分の心のこのようなエゴイスティックな働き方を追跡してはっきりと見定め、これを意識化し自覚することによってこれに対応し、これを修正する能力を、この筆者は「特殊な知力」と呼んでいるのです。古来「良心」という曖昧な言葉で呼ばれてきた人間精神の特殊な機能が、自分自身の心理の動きを明晰に見つめ追跡できる知力によって統御される時、はじめて行為となって現れてくる力、この「特殊な知力」をそう説明してよいかもしれません。この能力が開発されて人間に備わってくれば、報恩という行為が、特に美談として賞揚されるほど例外的な行為ではなくなり、また「あの人には、あれほど尽くしてあげたのに、こんな非道い仕打ちを受けた」と口走る自称善人たちの愚かな嘆きも大いに減少するでありましょう。借りた金は返したくないのが、恩を受けてはすなわち忘れ、讐を以て返すほうが、むしろ人間の常態であることを、この筆者は見定めた上でこの発言をしていると思われます。被害者が加害者を赦すこと、これは憐れな人間の能力の範囲内にあること、しかし自分が加害者になった時、その人が相手の被害者を赦すことのほうが実ははるかに難しい場合が多いと言えるのです。これはかいなでの人間観察ではありません。人間の、とりわけ自分自身のエゴイズムを知り尽くしている人間研究家の面目が末尾の一行に躍如としてあらわれています。

［全訳］

　人間は激情にかられやすいものだ、人間は弱いものだ、人間は愚かなものだ、人間は憐れむべき存在だ、こんな人間に、神の怒りとか、そんなおそろしい代物（しろもの）を向けるということは、奇妙なほどそぐわない［不適切な］ことに思われる。他人に対して、他人の犯した罪過を赦してやることは、それほど難しいことではないのである。他人の立場にわが身を置いてみれば、何が原因でその他人が、やってはいけなかった行為を犯すに至ったのであるかを理解してやることは、大抵の場合、難しいことではないのであり、従って相手を赦してやる口実を見つけ出すことができるからだ。もちろん、何か危害がわが身に加えられる場合には、自然に怒りの衝動がこみ上げてきて、人は復讐の行為に出るものであり、また、こと自分自身に関わる問題になると、超然とこれに客観的な態度を取ることは難しいものである。しかし少し内省力を働かせれば、私たちはそういう状況をも、外側から客観的に眺めることができるのであって、やがて習練を積めば、自分に加えられる危害を赦すことが難しくなくなるのは、誰か他人に加えられる危害を黙認することが難しくないのと同じことになるのである。自分が他人に危害を加えた時、被害者である他人を赦すことのほうが、はるかに難しいのである。そのためには、本当に特殊な知力が必要であるからだ。

19 人の玩具についての断想 ——

それほど遠くない昔の子供の遊び(玩具)と現在の子供のそれとを比較して考察している文章です。自分の幼児のころを上手に思い出しつつ読んで下さい。

---

　① The acquisitive desires of a Victorian child had only a limited scope; toys were simple and comparatively few; there were no bicycles or mechanical models; the average child made his own fun from very cheap materials. ② Shop-keepers did not place their goods unprotected within ridiculously easy reach of young children and, indeed, almost the only shop the child dreamed of entering for his own purposes was the sweetshop. ③ Nowadays a bewildering variety of toys, periodicals and entertainments in a multitude of shops compete for his interest and money; ④ and the boredom of having everything ready-made leads to a constant desire for something new, for what attaches the affection of a human being to a thing is having had some hand in its creation.

---

❶ **The acquisitive desires**「取得欲求の対象、手に入れたいと思う対象」。desires が複数であることに注意。＝the objects of desire です。

of a Victorian child「ビクトリア女王時代(1837-1901)の子供の」。

had only a limited scope「限定された狭い範囲を持っているにすぎなかった」→「狭い範囲のものに限られていた」。

toys were simple and comparatively few「玩具は(構造の)簡単なもので、その数も比較的(今日に比べると)少なかった」。

mechanical models「機械模型など、自動車や汽車、飛行機や銃砲などの模型の玩具」。

the average child「（貴族や金持ちの家の子供は別として）普通の家の子供は」。

made his own fun「自分の力で楽しみを作り出していたのである」。この own には、誰にも頼らずに、自分ひとりの力でという気持ちが入っています。

> *cf.* She can make her **own** dress.
>
> 彼女は自分のドレスは自分で作れる人だ。
>
> He is his **own** doctor.
>
> 彼は自分の身体は自分で治す［医者にはかからぬ］。

from very cheap materials「無料同然の材料を使って」。

ビクトリア朝まで遡らなくても、昭和の初め頃のわが国の子供たちも、タダ同然の材料を使って、自分で楽しみを作り出して遊ぶことが少なくはありませんでした。竹を材料にして竹馬や竹とんぼを作り、凧も手製のことが多く、また独楽やメンコにしてもつくりは簡単なものでした。子供の遊びや楽しみは、主として自分の体を動かすことによって、何らかの創意工夫によって自分の環境から引き出し作り出すものでした。角力もボクシングも、観るものではなくやるものでしたし、遊ぶ材料も戸外に出れば、これに事欠くことはなかったのです。蝉やトンボや蝶を捕蟲網で追い、もち竿で目白を捕えたり、小川や池で小魚や蟹を捕えることなどは、普通の家の子供には共通の遊びであり思い出となりました。エクレアもチーズケーキも、いやチョコレートもありませんでしたが、親からもらったり買ったりして食べる駄菓子や乾し葡萄や乾し柿の外に、戸外の野や林には、山ぐみの実や桑の実、柿やあけびの実が、その季節になると子供たちを待っていました。

子供の楽しみは、たしかに大人から既製品として与えられるものではなく、つまり受身のものではなく、子供が積極的に、自分の力によって環境から引き出し摑み取る性質のものでした。

❷ **Shop-keepers**「町の商店の経営者たち」。**did not place**(V) **their goods**(O) **unprotected**(C)「自分の店の商品を、無防備のまま出しておき［並べておき］はしませんでした」。

within ridiculously easy reach of young children の within one's reach... は「...の手の届く所に」。反対は beyond one's reach「手の届かないところに」。「幼い子供が手を伸ばせば、おかしくなるほど簡単に届くところに」。

almost the only shop (that) the child dreamed of entering 省略された目的格の関係代名詞 that は、entering の目的語。「子供が入ってやろうと夢見る[思う]ほとんど唯一の店は」。

for his own purposes「自分自身の目的のために、つまり(大人の、たとえば父母のお供で入るのではなく)自分ひとりの用のために」。sweetshop＝candy store[米]「駄菓子屋さん」。

❸ **a bewildering variety of toys, periodicals and entertainments**「(どれを選んだらよいのか)戸惑うほど多種多様な玩具、児童雑誌や娯楽施設が」。

> *cf.* a variety of goods
> 多種とりどりの商品
> a number of books
> 多数の本

in a multitude of shops「無数の店々の中で」。**compete**「㊀競争する、張り合う」。**for his interest and money**「子供の関心とお小遣いを狙って[求めて]」。

❹ **the boredom of having everything ready-made**「何でもすべて、レディメードで[既製品の状態で]手に入ることから生ずる倦怠が」。ready-made は、everything (すべてのもの)を having (手に入れる)場合の、この目的語 everything の状態を説明する目的格補語として機能しています。

leads to「㊀...に通ずる」→「(ある結果を)産み出す、生ぜしめる」。**a constant desire for something new**「何か目新しいものを求める小止みない欲求を」。何の苦労もせず、既製品として手に入るものにはすぐ飽きるもので、かくて次から次に目新しい玩具を、楽しみを求める欲求はとめどもなくなるものだ、と言うのです。

for「[接]なぜならば」**what attaches the affection of a human being**

to a thing is having had some hand in its creation. 全体としては SVC の第 2 文型の sentence です。

　what から to a thing までが主部。attach A to B（A を B に結び付ける）。「ある品物に人間の愛情を結び付けてくれるものは」、そして完了形の動名詞 having had が主格補語として続いています。have[take] a hand in＝be concerned in「...に関係する、関与する、加わる」。in its creation「それを［その物を］作り出すことに」。この its は目的格的所有格です。

　for 以下の試訳、「なぜならば、人間の愛情をある物に結び付けるためには、その物を作り出すことにある程度関与することが必要であるからです」。

　この筆者が、子供のころの楽しみは、子供が自分の力で、自分のある程度の創意工夫によって、自分の環境から作り出す性質のものでなければならぬ、既製品を与えられるだけの受身の性質のものであってはいけないのだと、行間から語りかけているのが読みとれたでしょうか。

［全訳］

　ビクトリア女王時代の子供が、手に入れたいと願うものは、限られた狭い範囲のものに過ぎませんでした。玩具といっても、構造（つくり）の簡単なもので、その数も今日に比べると少なかったのです。自転車もいろいろな機械模型もまだありませんでした。普通の家の子供は、ほとんど無料（ただ）同然の材料を使って、自分の力で自分の楽しみを作り出していたのです。商店の主人たちは自分の店の商品を、幼い子供が手を伸ばせば、おかしくなるほど簡単に届くところに無防備に並べておきはしませんでした。いやそれどころか、子供が大人のお供としてではなく、自分に用があって入ろうと思う店は、ほとんどただひとつ、駄菓子屋さんぐらいのものでした。今日は、無数の店々の中で、どれを選んだらよいか当惑するほど多種多様な玩具や児童雑誌や娯楽施設が、子供の関心とお小遣いを狙って競い合っています。何であろうとすべて既製品（レディメード）で手に入ることから生ずる倦怠感のために、何か新しいものを求める欲求はとめどもないという始末です。なぜならば、人間があるものに愛着を持つためには、そのものを作り出すことに、ある程度［いくらかは］関与することが必要であるからです。

20　幸福な人とは？

　幸福な人とは、どういう人のことを言うのでしょうか、次の一文の筆者の意見を聞きながら、皆さんも考えてみて下さい。何人も避けることのできない「死」という問題が、これに関わってまいります。

①Whether we enjoy life more as a result of a false belief in our security or as a result of recognizing the insecurity of life, is a question not easy to decide. ②I am myself of the opinion that the happiest man is the man who is conscious of the fleetingness of the world in which he lives and who measures the values of things by the knowledge of his and our mortality. ③There are men with whom the thought of mortality has been a disease—men who have all but been conscious of the worms consuming their bodies while they were still alive—and these are not to be envied. ④But with most men the knowledge that they must ultimately die does not weaken the pleasure in being at present alive. ⑤To the poet the world appears still more beautiful as he gazes at flowers that are doomed to wither, at springs that come to too speedy an end. The loveliness of May stirs him the more deeply because he knows that it is fading even as he looks at it. ⑥It is not that the thought of universal mortality gives him pleasure, but that he hugs the pleasure all the more closely because he knows it cannot be his for long.

❶ **Whether**「(２つのうちの)どちらが . . . であるか」が導く名詞節で、**to decide** まで続いているこの sentence 全体の主語になっています。「私たちは、人生を、Ａの **result**（結果）としてより楽しむことになるのか、それともＢの結果としてより楽しむことになるのか、ということは」とまず直訳してみましょう。

そしてＡは **a false belief in our security**「自分は安全だ[自分に限っては大丈夫/死ぬことはない]という間違った信念」です。句動詞 believe in . . .（. . . を信じる）が名詞句に変化すると belief in . . .（. . . に対する信念）となります。

そしてＢは **recognizing the insecurity of life**「人生の無常なることを認識すること」です。insecurity ＝ uncertainty、instability（不安全、老幼不定なること→無常なること）。

is a question not easy to decide「決めるのに容易ではない→容易に決められない問題である」。

①の試訳「自分は大丈夫だ(病気や事故にあったり)死ぬことなどありえないという間違った信念から生ずる結果として、人生はより楽しいものとなるのか、それとも人生は無常なるものと認識することから生まれる結果として、人生はより楽しいものとなるのか、これは容易に決められない問題である」。

memento mori ＝ remember that you have to die（汝が死なねばならぬことを忘るな）というラテン語の motto がありますが、万人が避けることのできない死という真実から目を逸らせて、もしくはこれを忘れて生きるほうが幸福なのか、それとも、この金言を肝に銘じ、人生の無常なることを忘れずに生活することが幸福に至る道なのか、これは容易には決めがたい問題だとこの筆者はまず述べ、さて自分の考えを次のように簡潔に表現します。

❷ **I am myself of the opinion that . . .** ＝ I think myself that . . . 。「私自身としては that . . . 以下と考えている」。I am of the opinion that は、I think that よりもいくらか改まった言い方で of the opinion は主格補語として働く形容詞句、myself は主語の I を強調する主語と同格関係にある複合代名詞、「私自身」。

be conscious of . . .「. . . を意識している、. . . を知っている、自覚している」。**the fleetingness of the world in which he lives**「彼が生きている場所であるこの世界[この世]の無常迅速なること」。**measures**「(他) . . . を計る、

測定する」。

by the knowledge of his and our mortality「自分は必ず死ぬというこ
と、さらに私たち人間はみな必ず死ぬものであるという認識を基準［尺度］にし
て」。この by は準拠をあらわす前置詞で「．．．に基づいて、．．．を尺度にして、
．．．によって」。

mortality「必ず死ぬ性質、← mortal ㊑」。これは人間の、あらゆる生きも
のの属性です。反意語は immortality (不死性、不滅性← immortal ㊑)で、神
の、あるいは神々や霊魂の属性です。

②の試訳「私自身としては、この世でいちばん幸福な人間とは、自分の生き
ている場所であるこの世の無常迅速なることをよく自覚している人、そして自
分は必ず死ななければならぬという、さらに私たち人間はみな必ず死ぬもので
あるという認識を尺度として、もの事の価値を計っている人のことであると考
えている」。筆者の信念の要約ですが、しかし、これはどういうことなのでしょ
うか。

❸ **There are men with whom the thought of mortality has been a
disease**「自分は必ず死ななければならないという考えが、もう病気になってし
まっている人々もいる」。

with whom＝and in the case of them。この with は「．．．の場合には、
．．．にとっては」。つまりこの人たちにとっては、自分が必ず死ぬという考えが、
もうひとつの病気となってしまっている、と言うのです。すなわち次のような
人々です。

──**men who have all but been conscious of the worms consuming
their bodies while they were still alive**「未だ生きているうちに［未だ生き
ているのに］既にあの蛆蟲が自分の肉体［屍体］を貪り尽くしている感触をまざ
まざと意識していると言ってよい人々」。all but＝almost。

the worms「蛆蟲」は、かつて火葬より土葬の方が普通であった時代におい
ては、人々の目に珍しいものではありませんでした。人間を、生きとし生ける
ものを遂に土に帰す死の力の象徴でした。エドガー・アラン・ポーの名作『勝
利者、蛆』やボードレールの『悪の華』の中の傑作のひとつ『腐屍』など、こ
れを謳った作品は少なくありません。

and these are not to be envied「そしてこういう人々を羨ましく思うこ
とはできない。あるいは、こういう人々を羨ましく思うべきではない」。この

are to は、可能の be+to にも、当然、義務の be+to にも、どちらに取っても よいと思います。

　さてこの③の sentence は、②を受けて、おのれの死を忘れないこと、 memento mori は大切なことではあるが、しかしこの死の思いに取り憑かれ て、これが強迫観念となって、生きてある悦びを忘れ去ることになってはいけ ない、死の意識が生活の中心に居据って、生そのものを窒息させ圧殺するまで 極端に至ってはいけないと言っているのです。

　恐らくこの筆者は、パスカルの『パンセ』に見られる思考の傾向やアミエル の日記などを念頭に思い浮べて書いているのではないかと思います。

❹ **But with most men**「しかし大抵の人々にとっては[の場合には]」。こ の with も =in the case of、もしくは for。

the knowledge that they must ultimately die が sentence の主部。 that は主語 the knowledge の内容を説明している同格的名詞節を導く接続 詞です。「自分は究極においては死ななければならないという認識は」。

does not weaken「決して弱めるものではない」。**the pleasure in being at present alive**「現在、自分が生きていることに覚える喜びを」。**at present** 「いま、現在」。

in の目的語は **being alive**「生きていること」という動名詞句です。

　④の試訳「しかし、大抵の人々の場合には[にとっては]自分が究極において は死なねばならないという認識は、現在自分が生きていることに覚える喜びを 弱めることにはならない」。

　いや、それどころか自分が死ななければならぬ有限な存在であると知ればこ そ、現在の一瞬一瞬の生が、かけがえのない喜びの一瞬になるのでなければい けない、そしてこういう生き方を実践している見事な典型が詩人であると筆者 は言うのです。

❺ **To the poet**「詩人にとっては」。**the world appears still more beau-tiful** S(the world)+V(appears)+C(beautiful)で第2文型。「この世はさ らに一層美しく思われる」。

as he gazes at flowers that are doomed to wither　as=when。be doomed to=be destined to「．．．するように運命づけられる→．．．する運命 にある」。ただし be doomed to は、不吉な悪い運命の場合に使われるのが普 通です。「やがてしぼみ枯れる運命にある花々を見つめる時」。

at springs that come to too speedy an end「あまりに疾く[早く]終わりを告げる春を見つめる時」。この at も gazes に接続しています。

The loveliness of May stirs him「五月の美しさは彼を感動させる」。stir＝move（他動かす、感動させる）。

the more deeply because he knows that it is fading even as he looks at it the＋形容詞及び副詞の比較級に for（理由の前置詞）または because...に始まる副詞節が続きますと、「その理由のために、それだけ一層...になる、...する」となります。

> *cf.* I love him all **the better for** his faults.＝I love him all **the better because** he has his faults.
> 彼には、いろいろ欠点があるから、私はそれだけ一層彼が好きなのです。

all は the better にかかる強調の副詞。

even as he looks at it even as...＝just when...「それ（五月の美しさ）を眺めているまさにその時に──それを眺めているその最中にはや」**is fading**「色あせうつろいゆく」と続きます。このあたりの sentence は、主節と従属節の長さもリズムも釣合がとれて、いわゆる美文調を作り上げています。

⑤の試訳「詩人にとっては、やがてしぼみ枯れる運命にある花々をひたと見つめる時、あまりに疾く終わりを告げる春を見つめる時、この世はさらに美しく思われるのである。五月の美しさは、それを眺めている最中にはや色あせうつろい行くと知るがゆえに、それだけ彼の深い感動をさそうのである」。

❻ **It is not that**...これは次の省略形と考えましょう。It is not(, however, to be inferred) that...「しかしながら that 以下のこと、それ(it)が、推量されるべきではない──しかし that 以下と思われては困る──しかし(私は)that 以下のことを言っているのではない」。it is not that...は更に not that...と2語に簡略されて頻出します。

the thought of universal mortality「この世の生きとし生けるものはすべて死に滅びるものであるという考えが」**gives him pleasure**「彼に悦びを与えている」と言うのではない、それはもう人間の思考ではない、悪魔の思考である、だからそうではなくて、**but that** と受けています。この but は、It is not that の中の not と係り結んで、「...ではなくて」と受けている but です。

that he hugs the pleasure「その喜びを、ひしと抱きしめる、その悦びを深くかみしめる[大切にする]」。

all the more closely because...ここも the＋比較級の副詞＋because 以下の形です。「...のゆえに、それだけ一層しっかりと[ひしと]」。**all** は the more を強める軽い副詞。

he knows (that) it cannot be his for long his＝his pleasure で、所有代名詞。for long は副詞句で「長い間、いつまでも」。「それ[その喜び]は、いつまでも自分のものではありえないと知っている」がゆえに...と続きます。

⑥の試訳「しかし、生きとし生けるものはみな必ず死に滅びるという思いが、詩人に喜びを与えると言うのではなくて、（五月の美しさを見る）喜びは束の間で、いつまでも自分のものではありえないと知るがゆえに、それだけ一層その喜びをひしと抱きしめるのだ、と言うのである」。

すべての人間が避けることのできない究極の死という冷厳なる真実から目をそらし、それを忘却して生きることは愚かな間違いであり、動物的な生活と言えようが、しかしこの死の意識が過度となり、固定観念となり、現実の生の喜びを圧殺することになってはならぬ、逆に自分はやがて必ず死ぬのである、すべての生あるものは死なねばならぬというこの認識、諸行無常の自覚が、一瞬一瞬の生の喜びを強め深める力になり、限りある生を充実させる力となって、生きている人、たとえば詩人が、最も幸福な人と言えるのであろうという論旨でした。

［全訳］

自分だけは安全だ、大丈夫[死ぬことなどありえない]という間違った信念から生ずる結果として人生はより楽しいものとなるのか、それとも、人生の無常なることを認識することから生まれる結果として人生はより楽しいものとなるのか、これは容易に決め難い問題である。私自身としては、この世で最も幸福な人間とは、自分がいま生きている舞台であるこの世界の無常迅速なることを知っている人、そして自分は、私たち人間はみな必ず死なねばならぬというこの認識を尺度にして、ものごとの価値を計（はか）っている人であると考えている。自分は必ず死なねばならぬという考えが、一種の病気になってしまった人々がいる、すなわち、まだ生きているのに、すでに自分の肉体[屍

体]を蛆蟲がむさぼりつくす感触をまざまざと意識していると言ってよい人々であって、かかる人々を私は羨ましいと思うことはできない。しかし大抵の人々にとっては、自分は究極において死ななければならぬという認識は、自分が現在生きていることに覚える喜びを弱めてはいない。詩人にとっては、彼がやがてしぼみ枯れる運命にある花々を、あまりにも疾く終わりを告げる春を見つめる時、この世はさらに一層美しく見えるのである。五月の美しさは、それを眺めているうちにもはやうつろいゆくと彼が知っているがゆえに、それだけ一層深い感動をさそうのである。しかし、生きとし生けるものはことごとく死なねばならぬという思いが、詩人に喜びを与えると私は言っているのではない、そうではなくて五月の美しさを見る喜びは、いつまでも自分のものではありえないと詩人は知るがゆえに、それだけいっそうその喜びをひしと[しっかりと]抱きしめるのであると言っているのである。

大都会、この逆説的なもの ▬▬▬▬

　大都会についての考察をひとつ読んでみましょう。ロンドンやニューヨーク、また東京やパリのような大都会は、歴史が生み出した逆説的な存在だ、とこの人は言うのですが、なぜ逆説的な(paradoxical)存在なのでしょうか。では、この筆者と共にじっくりと一緒に考えましょう。この英文も入試問題から取りましたが、出典は不明です。

■ I ▬▬▬▬▬▬▬▬▬▬▬▬▬▬▬▬▬

　①"It is difficult to speak adequately or justly of London," wrote Henry James, an American novelist, in 1881. "It is not a pleasant place: it is not agreeable, or cheerful, or easy, or exempt from blame. It is only magnificent." ② Were he alive today, he might easily say the same thing about New York or Paris or Tokyo, for the great city is one of the paradoxes of history. In countless different ways, it has almost always been an unpleasant, disagreeable, cheerless, uneasy and blameful place; in the end, it can only be described as magnificent.

❶ **"It is difficult to speak adequately or justly of London,"** it は形式主語で、to 以下の名詞句がその内容、it . . . to . . . の文構造です。「ロンドンについて、適切に、あるいは公正に語ることは容易ではない」。

Henry James, an American novelist, 「アメリカの小説家、ヘンリー・ジェイムズ」1843～1916。秀れた心理学者 William James の弟で、19 世紀後半から 20 世紀初頭にかけて活躍した大作家であり、また批評家でもあった人。

　"It is not a pleasant place: it is not agreeable, or cheerful, or easy, or exempt from blame. It is only magnificent." exempt〔形〕＝free。

from を従えて「...を免除されている、...がない」。only＝in the final outcome *or* decision「結局は、最終的には、一言でいおうとすると」。「それは［ロンドンは］楽しい場所(ところ)ではない、それは気持ちのよい、心晴ればれとする場所でも、あるいは心くつろぐ、また非難攻撃を受けることのない場所ではない。ロンドンは、これを要するに、実にすばらしい場所(ところ)なのだ」。

ロンドン、この大都市を、不愉快で、心くつろぐことのない、いくらでも非難の的にすることができる場所と評する否定的な前言は、結論として、ロンドンは実にすばらしい場所とする肯定的な評語と矛盾しています。このように、ある真実を、一見不条理で矛盾する論法で表現している場合、これを paradox（逆説）と申します。ジェイムズのロンドンに関する評言は、まさに、このパラドクスであって、大都市には、こういう言い方でしかその本質を表現できない性質があると筆者は言っているのです。

❷ **Were he alive today, he might easily say the same thing about New York or Paris or Tokyo** の Were he alive today＝If he were alive today、倒置法による if の省略です。if 節の述語動詞が be 動詞、have 動詞の場合、もしくは助動詞＋動詞の場合は、常に主語と動詞を倒置して if を省略することができます。さらに if 節の動詞は were で過去、しかも主語は単数の he で、主節の述部は助動詞の過去形 might＋say（原形の動詞）になっています。典型的な subjunctive past（仮定法過去）、現在の事実に反する仮定、ですね。**easily**＝without hesitation（何の躊躇(ためらい)もなく）。「もし彼［ヘンリー・ジェイムズ］が、今日も生きていれば、ニューヨークについて、パリについて、東京について、何の躊躇もなく、全くこれと同じことを言うであろう」。

for the great city is one of the paradoxes of history the paradoxes が複数であることに注意。数えられる名詞に、つまり普通名詞に、paradox（逆説）という抽象名詞が変化しているから複数になっているのです。「逆説的な存在(もの)」。「なぜならば、大都市というものは、歴史の（産み出した）逆説的な存在のひとつであるからだ」。

In countless (and) **different ways,**「無数の、様々な面において」。**almost always**「ほとんど常に（いつの時代にあっても）」。

in the end, it can only be described as magnificent.「大都市というものは、結局は、ただ、すばらしい場所(ところ)と評するよりほかはなくなるのである」。大都市、この逆説的な存在の本質を、何とか解きほぐしてみようというのが、こ

の一文の主題です。さて次節に入りましょう。

［全訳 I］

　「ロンドンについて、適切に、あるいは公正に語ることは容易ではない」と、アメリカの小説家ヘンリー・ジェイムズは、1881 年に書いていた。「ロンドンは楽しい場所(ところ)ではない、それは気持ちのよい場所でも、また心晴ればれとする場所でも、また心くつろぐ場所でも、また非難攻撃をまぬがれている楽天地ではない。ロンドンは、一口で言うと、要するに、実にすばらしい場所なのである」。もしヘンリー・ジェイムズが今日も生きているとしたら、彼は、ニューヨークについて、パリについて、あるいは東京について、何の躊躇もなく、これと同じ言をなすであろう。なぜならば、大都市というものは、歴史の産み出した逆説的な存在のひとつであるからだ。無数の、様々な面において、大都市は、ほとんどいつの時代にあっても、楽しからざる、不愉快で、心暗くなる、不安で落着けない、そして非難に値する場所であった、ところが大都市を一言で評すれば、結局は、ただすばらしいと言うよりほかはなくなるのである。

■ II ━━━━━━━━━━━━━━━━━━━━━━━━━━

Ancient Athens, for example, for all its architectural and intellectual glory, was scarcely more than an overgrown slum; the grandeur of Rome was overshadowed by its crime rate and traffic jams. So dirty and unclean was the Paris of Louis XIV that two miles from the city's gates a traveler's nose would tell him that he was drawing near. Scarcely anyone today needs to be told about how awful life is in New York City, which resembles a mismanaged ant heap rather than a community fit for human habitation.

Ancient Athens「古代の都市アテネは」。

for all＝in spite of、despite (of)、with all「．．．にもかかわらず」。

scarcely more than の scarcely は否定の副詞ですから＝no more than＝only。従って hardly more than, little more than もこれに準じて＝no more than＝only になります。

its architectural glory「建築史上の栄光」。古代のアテネ市の遺跡アクロポリス，中でもパルテノンの神殿は，世界建築史上に輝く永遠の軌範と申せましょう。

intellectual glory,「知的な栄光」とは「学問・芸術上の栄光」のこと。

ソクラテスはこの市の路上を歩み、ここでプラトンの語るあの「対話」の数々を行い、プラトンはあの学堂を創立し、アリストテレスがそこで学んだ舞台、アリストファネスが、喜劇『雲』でソクラテスをからかい、またアイスキュロス、ソフォクレス、エウリピデスの悲劇が華々しく上演されて観客に喝采されたのも、このアテネであったことを思い出して下さい。「たとえば、古代の大都市アテネは、その建築史上の栄光、学問芸術上の栄光にもかかわらず、（その実体は）異常に肥大化した一大スラム街にほかならなかったのである」。

the grandeur of Rome was overshadowed by its crime rate and traffic jams.「ローマの偉大さ (the grandeur of Rome) も、この都市の犯罪発生率と交通の渋滞によって、その栄光は頓に色あせるのが実体であった」。

古代ローマ帝国の主都ローマは、すべての道はローマに通ずる、と謳われた全ヨーロッパの中心都市でした。しかし、ギボンの名著『ローマ帝国衰亡史』の後を承けてモムゼンなどの多角的、総合的な研究によって徐々に明らかにされた古代都市ローマの実体は、その犯罪発生率の異常な高さ（たとえば悪名高い傭兵の反乱や暴行）により、また恐るべき車馬の往来、交通の渋滞により、さらに悪疫の流行によって、不安と不便、不快と恐怖に満ちた生活環境であった、と言うのです。

そして、さらに下って 17 世紀のヨーロッパ大陸の中心都市、ルイ 14 世治下の「花の都」パリの実体も、**So dirty and unclean was the Paris of Louis XIV that two miles from the city's gates a traveler's nose would tell him that he was drawing near.**

so . . . that の係り結びを見落とさないこと。

dirty と **unclean** はいずれも主格補語の形容詞ですが so に引かれて文頭に

出て強調され、これは倒置形の第2文型 C＋V＋S の sentence です。

two miles from the city's gates〔副詞句〕「パリの城門から2マイルも離れているところで」。

would は、過去の反復もしくは習慣を示す。

「ルイ14世時代のパリは、あまりに汚く、また不潔な市<ruby>市<rt>まち</rt></ruby>であったので、パリの城門から2マイルも離れたところまで来ると、既にその旅人の鼻は、自分がパリに近づいていることを、彼に教えてくれるのが常であったのだ」。

悪臭のスモッグがパリ市を覆って周囲に広がり、「花の都」ならぬ「鼻の都」であったというのですが、耐え難いこの悪臭は、王宮の中においてすら例外ではなく、この悪臭との戦いの中から、世界に誇るあのフランスの香水は生み出されたのであると、服飾史の研究は教えています。

さらに現代においても、**Scarcely anyone today needs to be told about how awful life is in New York City**「今日、誰であろうと、ニューヨーク市の生活がどんなに恐るべきものであるかについて、人に教えてもらう必要はないのである」。

, which resembles a mismanaged ant heap rather than a community fit for human habitation. which の前にコンマが付いているのに注意、以下を継続的に訳し下せという合図のようなものです。「ニューヨークは、人間が居住するにふさわしい社会というよりもむしろ、乱脈で無統制な蟻塚にさも似ているのである」。

この§2の節は、一見華やかな美名にかくされている過去の大都市における生活の実体が、楽しいとか、快適とかは評しえないもので、どんなに住み心地のよくない、焦立ちと不安を引き起す生活環境であったか、また現在もそうであるか、を指摘しています。つまり大都市の暗面を、<ruby>負<rt>ふ</rt></ruby>の要素を強調しています。そしてその上で「にもかかわらず」と大都市のすばらしさを強調する次節に移るのです。

［全訳II］

たとえば、古代の大都市アテネは、その建築史上の栄光、また学問芸術上の栄光にもかかわらず、その実体は、異常に肥大化した一大スラム街にほかならなかったのである、あのローマの偉大さも、その犯罪発生率と交通の渋

滞によって、頓(とみ)に色あせる体(てい)のものであった。ルイ 14 世時代のパリは、あまりにも汚く、あまりにも不潔であったので、パリの城門から 2 マイル離れたところまで来ると、すでに旅人の鼻は、自分がパリに近づいていることを教えてくれるのが常であったのである。今日、誰であろうと、ニューヨーク市の生活が、どんなに恐るべきものであるかについて、人に教えてもらう必要はないのである、ニューヨークは、人間が居住するにふさわしい社会というよりもむしろ、乱脈無統制な蟻塚にさも似ているのである。

■ III ━━━━━━━━━━━━━━━━━━━━━━

① Yet despite everything, the truly great city is the stuff of legends and stories and a place with fascination. The worst has been said about great cities, but people still add that they love them. What attracts people to the great cities? What indeed is a great city? It is almost easier to say what is not. ② A city governed by birds might be more comfortable than a city governed by men. But it would not be human, nor would it be great; a city is great only in its human associations, confusing as they may be. ③ The ancient Athenians delighted in the everyday drama of human encounter. For them, the city was the supreme instrument of civilization, the tool that gave men common traditions and goals, even as it encouraged their variety and growth. "The men who live in the city are my teachers," said a Greek philosopher, "and not the trees or the country."

❶ **despite**＝despite of, in spite of 「...にもかかわらず」。
everything「(これまで述べてきた)すべてのこと」。
stuff(＝material)「材料、原料、素材」ですが、ここでは「母体」ぐらいに

訳しておきます。

「しかし、にもかかわらず、真に巨大な都市は、様々な伝説と物語が生まれ出る母体であり、魅惑に満ちた場所なのである」。

The worst has been said about great cities, but people still add that they love them. the worst「最悪のこと、この上もない悪口」。「これまで、大都市について、この上もない悪口が言われてきた、しかし、それでも人々はやはり付け加えるのである、私たちは大都市を愛する、と」。

It is almost easier to say what is not (a great city). 省略は必ず補充して考えましょう。「大都市ではないもののことを語るほうが、わかりやすいくらいである」。

大都市の本質は実に摑みにくい、だから大都市ではないものを想像してみると、はっきりしてくると言うのです。そしてこの筆者は、大都市から人間を取り去り、代わりに、そこに鳥が住む町を想像してみよ、と言うのです。

❷ **A city governed by birds might be more comfortable than a city governed by men.** 仮定法過去 (subjunctive past) の文章です。if 節にあたる内容が、主語 A city (governed by birds) の中にかくれています。If a city were governed by birds, it might be...あるいは、If there were a city governed by birds, it might be...と paraphrase することができましょう。

> *cf.* It **would** be madness *to do such a thing.*
> そんなことをすれば、狂人沙汰でありましょう。

「もし小鳥たちによって治められている都市があるとすれば、それは、人間によって治められている都市よりも、居心地のよい場所になるかもしれない」。

But it would not be human, nor would it be great 前文の反実仮想形は、この sentence をも支配しています。この would も前文の might と同様に仮定法過去の would です。「しかし [もしそうなれば]、その都市はもう人間のものではなくなるであろうし、また同時に偉大なるものでもなくなるであろう」。

大都市から、それを作りあげている人間を取り去り、代わりに鳥たちを住ませてみるとよい、すると、たちまち大都市の本質が、大都市に私たちが不快と反撥、時に嫌悪を覚えながら、にもかかわらず、大都市に魅惑され、これに引

きつけられている理由が氷解されてくるであろうと言うのです。

すなわち、**a city is great only in its human associations, confusing as they may be.** they は human association を受けています。

confusing as they may be＝though they may be confusing「人間関係というものは、厄介で面倒なものではあるけれども」。

> *cf.* Young as he is, he is very prudent.
> 　　彼は若いけれども、大変慎重で用心深い。

「大都市が偉大であるのは、ひとえに大都市の持つ様々な人間関係にこそあるのである、人間関係というものは、まことに面倒で厄介ではあるけれども」。

これで大都市の持つ逆説的な性質が明らかにされました。大都市の逆説的性質とは、すなわち私たち人間の逆説的性質にほかならない、人間、この逆説的なるもの、私たちは、これに時に反撥や嫌悪、不快や絶望を覚えながら、これに魅惑され、これを讃美し、これに希望をかける、人間が存在しなければ、この世界はどんなにサバサバするかと思い、またこれが存在しなければ、淋しさに堪えられまいと思う、この人間の逆説的性質が凝集し拡大され渦巻いている大舞台が大都市であると言うのです。

論旨は明快で別に異存はないのですが、筆者の連想している鳥は、目白や駒鳥、雲雀や文鳥のような可愛い小鳥のようですね。白鷺の群や椋鳥の大群に占領された鎮守の杜や公園の林の喧騒や悪臭は想像のほかにあるようです。これはこの一文の論旨の展開とは関わりのない、小生の付けた蛇足の言に過ぎません。

❸ **The ancient Athenians delighted in the everyday drama of human encounter.** delight in ...「...を喜ぶ、...を楽しむ」。human encounter「人間（と人間）の出会い」。「古代のアテネ人たちは、人間の出会いから生ずる毎日毎日のドラマを眺めて楽しんでいた」。

アテネの路上を往き、あの数々の対話をする奇人にして賢者ソクラテスを眺め、この奇人を喜劇に仕立てたアリストファネスの『雲』の上演を喝采して楽しみ、ペリクレスの演説に退屈し、その失脚を冷然と眺めながら、その復活と帰還を歓呼して迎え、マラトンやサラミスの勝報を伝える使者が走るのを見たのもアテネ市民たちでした。彼らは都市生活を存分に楽しんでいたと言うのです。

For them, the city was the supreme instrument of civilization, the tool that gave men common traditions and goals, the instrument と the tool は、同格関係にある主格補語で、これも S＋V＋C、第2文型の sentence です。「アテネの市民たちにとって、アテネ市は、文明というものを作り出す最高の道具、人々に共通の伝統と目標を与えてくれる手段にほかならなかったのである」。

even as it encouraged their variety and growth. even as＝just as「（同時性を強調して）ちょうど...の時に、...と同時に」。

> *cf.* She went away **even as** you came in.
> 君が入ってくると<u>同時に</u>、彼女は出て行った。

it はアテネ市を受け、their は men を受けています。

「それ［アテネ市］は、人間の多様性と発展を促すと同時に」、人々に共通の伝統と目標を与えてくれる、と続いているのですが、ここでしっかり考えてもらわねばなりません。

「人間の多様性と発展を促す」 大都市においてはじめて実に多種多様な人間が生まれ出ます。多種多岐にわたる性格、才能、また欠陥を持つ人々が、最高の天才から極悪の犯罪者に至るまで。比較的均一で変化に乏しい表情と性格を持つ人々を作り出す、たとえば地方の農村社会では考えられないほど多種多様な人間類型が産み出される、まさに人間の坩堝（るつぼ）が大都市であり、またここで人間は増殖し、人口は爆発的に増大もするのです。大都市は、かくのごとく、人間の多様性と発展を促すと同時に、この多種多様な人々に対して「共通の伝統と目標を与えてくれる道具［手段］」でもあるのです。

日本に例を取れば、京都、大阪にはいわゆる上方の文化、江戸には江戸の文化という微妙に相異なる文化の伝統が生まれて、それぞれの市民たちは、共通にこれに喜びと誇りを持ち、かくて、それぞれの大都市には、それぞれに、独自な文化の理念のごときものが生じてきたのです。そして、このように多種多様な人々が、相異なる様々な要素が、互いに対立しながらも共存でき、しかも全体としてはひとつの統一性を保持している状態こそ、文化文明というものが発生し発展し開花できる最上の条件である、とこの筆者が考えていることも推測できると思います。

　　"The men who live in the city are my teachers," said a Greek philosopher　a Greek philosopher「あるギリシャの哲学者」が誰であるかは、不敏にして小生には特定できません、プラトンの対話篇に登場するソクラテスの言葉ではないかと思いますが、乞御示教。

　　the city は、もちろん「アテネ市」です。

　　"and not the trees or the country."＝and not the trees *or* the country are my teachers.

　　「そして、森も田園も、決して私の師匠ではないのである」。森や田園、いわゆる自然ではなく、アテネ市に住む人間、この逆説的な存在こそ、私が知るべきことのすべてを教えてくれる師匠であり素材なのだ、と言っているのです。

［全訳Ⅲ］

　　しかし、にもかかわらず、真に巨大な都市は、様々な伝説と物語が生まれ出る母体であり、魅惑に満ちた場所（ところ）なのである。これまで大都市について、この上もない悪口が言われてきた、しかし人々は、なお付け加えるのである、私たちは大都市を愛する、と。一体、何が人々を大都市に引き付けるのであろうか。大都市とは、実際、何なのであろうか。大都市ではないものを語るほうが、簡単でわかりやすいと思う。たとえば、鳥たちによって治められている都市があるとすれば、人間によって治められている都市よりも、快適で住み心地のよい場所になるかもしれない。しかしそうなれば、その都市は、もう人間のものではなくなり、同時に偉大なものでもなくなるであろう、すなわち、都市が偉大なものであるのは、ひとえにそこに生まれる様々な人間関係にこそあるのである、人間関係というものは、面倒で厄介なものであるけれども。古代のアテネの市民たちは、人間と人間の出会いから生ずる毎日毎日のドラマを眺めて楽しんでいた。彼らにとっては、アテネ市こそ、人間の多様性と発展を促してくれると同時に、その人間に共通の伝統と目標とを与えてくれる道具、すなわち文明というものを作り出す最高の手段にほかならなかったのである。「アテネに住む人々こそ、私の師匠なのだ」と、あるギリシャの哲学者は言った、「そして、森や田園が私の師匠ではないのである」と。

22　小説の一節を読む

　アメリカの女流作家としては恐らく今世紀最も傑出している Willa Cather
（ウィラ・キャザー）の小説から抜いた文章を読んでみましょう。この人の文章
は常に明快で典雅な文体で書かれており、さして苦労せずに読解できましょう。
これは農家のある夫婦の生活のデッサンであり、簡潔な紹介なのですが、秀れ
た作家の練達の筆力をよく示していると思います。キャザーは、北欧（主として
スカンジナビア、さらにボヘミア）から渡来してネブラスカ州の荒野を開拓した
移民たちの生活を、詩情豊かに描いた名作 *O Pioneers !* や *My Antonia* で文
名を確立しました。『おゝ、開拓者よ』『私のアントニア』、この２つの名作の名
前は少なくとも覚えておいて下さい。

■ I

　① He was fifteen years older than Mary, but she had hardly
ever thought about it before. He was her man, and the kind
of man she liked. She was rough, and he was gentle, —
city-bred, as she always said. They had been shipmates on a
rough voyage and had stood by each other in trying times.
Life had gone well with them because, at bottom, they had the
same ideas about life. They agreed, without discussion, as to
what was most important and what was secondary. They
didn't often exchange opinions, even in Czech, — it was as if
they had thought the same thought together. ② A good deal
had to be sacrificed and thrown overboard in a hard life like
theirs, and they had never disagreed as to the things that
could go. It had been a hard life, and a soft life, too. There
wasn't anything brutal in the short, broad-backed man with

the three-cornered eyes and the forehead that went on to the top of his skull. He was a city man, a gentleman, and though he had married a rough farm girl, he had never touched her without gentleness.

❶ **He was fifteen years older than Mary, but she had hardly ever thought about it before.**「彼はメアリーより 15 歳年上であった、しかし彼女は、そのことについて、それまではほとんど考えてみたことさえなかった」。

it は前文の内容で、2 人の 15 年という年齢差のことですが、こんな平明な文章についてもちょっと考えてから、先に進んでもらいたいものです。15 年という夫との年齢差を全く意識しないで暮している妻の、女の気持ちとは、一体どういうものか、についてです。男が 40 歳の時に、女は 25 歳ですね。男が 30 の時、女はまだ 15。何かにつけ夫との年齢差を意識させられる種にこと欠くことはないはずですが、その種が全くなかったということは、すでに女のほう、Mary がどんなに夫が好きであったか、ということを暗に告げているのです。これに気づくと次の sentence の訳文のニュアンスが違ってくるはずです。

He was her man, and the kind of man she liked.「この人こそ、彼女の男[夫]だった、それも好きでたまらぬタイプの男だったからだ」。the kind ＝ the type。そして、ここまで読めば、夫との年齢差をそれまで意識したことのなかった Mary という女が、はじめてそのことについて考えなければならぬある事件が起こったのだ、（それは夫の心臓病が発見されたという事件なのですが）ということも推定されていなければなりません。

She was rough, and he was gentle, — city-bred, as she always said. rough「粗野な、がさつな」、gentle「穏かでやさしい、品のよい」、city-bred「都会育ちの」、as she always said「彼女がいつも言っていたように」。うちの人は、都会育ちなのよ、と口ぐせに言う Mary の誇らかな声が聞こえるようです。してみると Mary の方は野良育ちの女なのですね。妻は粗野でがさつなタイプ、夫は穏かで優しく品のよいタイプ、男女をあべこべにしたような 2 人の性格の違いを一筆で描き分けています。

そして、この 2 人は、**They had been shipmates on a rough voyage and had stood by each other in trying times.** shipmates on a rough voyage「荒海の航海に乗り出した船乗り同士［仲間］」。２人の夫婦生活を航海にたとえています。これはよく使われる比喩ですね。人生航路、とか、人生の荒波にもまれる、とか。

stand by＝support、help（．．．を支持する、．．．の力になる）。in trying times「試練の時には→辛い苦しい嵐の時には」。try には、「．．．を試す」の意味があります。そこから trying times は、「（人間の真価を）試す時」つまり、「試練の時」、ここでは、「辛い苦しい時化（しけ）の時」という意味になります。「この２人は荒海の航海に乗り出した船乗り同士だった、そして辛い苦しい時化（しけ）の時には、互いに力になり合ってきたのだ」。

Life had gone well with them because, at bottom, they had the same ideas about life. go well「うまく行く」。直訳が一番よい訳になる一例です。

with＝in the case of（．．．の場合には）。at bottom「根底において」。「この２人の場合、生活はうまく行った、なぜならば、２人は根底において、人生について同じ考え方を持っていたからである」。これは、２人の人生観が一致していたからだ、と言っていることにほかなりません。では、人生観が一致していた、とはどういうことか、この作家は、それを次のように、噛んでふくめるように実にわかりやすく説明してくれます。

They agreed, without discussion, as to what was most important and what was secondary. without discussion「議論しなくても」。as to ．．．「．．．について、．．．に関して」。この前置詞句の目的語は、what に始まる２つの名詞節です。「２人は、議論などしなくても、何が（人生で）いちばん大切なことか、また何が第二次的な［あまり重要でない］ことかについては意見が一致していた」。

これは、人生観が一致していたとは、すなわち、２人の価値観が一致していた、ということにほかならないと言っているのですが、それをこのように、実にわかり易く、サラリと言ってのけることは、実は凡庸な作家にはできない芸であって、円熟した非凡な作家にしてはじめて可能な文体なのです。たとえば火事の時に、まず第一に持ち出して逃げるものを何にするかで、夫婦が対立して争うようでは困るでしょう。船が嵐の中で沈みかけている、重い積荷のどれから捨てるかで争いになっては困るでしょう。妻は粗野で、がさつな女、夫は柔和で優しい都会育ちの男、性格は正反対だが、２人は人生で何がいちばん大

切なことか、何が第二次的で無視してよいことかについては一致していた、人生観においては、すなわち価値観においては一致していた。そして人間関係においては、特に夫婦関係においては、この一致こそ、いわゆる性格の一致よりも、もっと大切なことだ、と Cather は暗黙に告げてもいるのです。

even in Czech「チェコ語を使ってさえ」。この夫婦は、どちらもボヘミア系の移民で、アメリカに移住後に習い覚えた英語で話し合うよりも母国語であるチェコ語[ボヘミア語]で話し合うほうが楽であり心が通じ合うのです。

そのボヘミア語で、**They didn't often exchange opinions**「2人が意見を交換し合う[話し合いをする]ことすら稀であった」、それほど2人の人生に関する考え方は一致していたのであって、その2人の様子は、**it was as if they had thought the same thought together**「2人は、全く同じことを一緒に考えているかのようであった」。心はいつも一心同体のごとくであった、と言うのです。

❷ **A good deal had to be sacrificed and thrown overboard in a hard life like theirs** a good deal (of things) ＝a great deal、a large amount of things「沢山のもの」。この sentence の主語、ここでは「沢山の積荷」のことで、前出の、2人の夫婦生活を、荒海の航海に乗り出した船乗り同士の関係にたとえた比喩から自然に派生して出てきた連想です。嵐の中で沈みかけている船の「積荷」、海に捨てて船を助けなければならない「沢山の積荷」のことです。

overboard「[副]船外に、船から海中に」、theirs＝their life「2人の生活」。「2人の生活のように辛い苦しい生活では、実に沢山の積荷を犠牲にし、船から海に投げ捨てなければならなかった」。

and they had never disagreed as to the things that could go. go＝be got rid of, be lost「取り除かれる、失われる→処分される、捨てられる」。ここでは be thrown overboard(船外に投げ捨てられる)と書き換えることもできる go です。「そしてこの2人は、投げ捨ててよい積荷について意見が合わず争うことは決してなかった」。嵐の海で、船が沈みかけている、重い積荷を捨てて船を助けなければならない、ではどの積荷から捨てるか、ここで2人の価値観が一致しているかどうかが試される。この比喩的な説明は、実に正確で鮮明ですね。

It had been a hard life, and a soft life, too.「それは、辛い苦しい生活

であった、そして同時にまた穏かで楽しい生活でもあった」。

　なぜでしょうか。夫が常に優しく穏かで品位ある人であったからです。

　anything brutal「野蛮な〔残酷な〕性質」。something、nothing、anything、この3つの不定代名詞にかかる形容詞はその後ろに付き、前に付くことはまずありません。

　short「背が低い」↔ tall「背が高い」。**broad-backed**「背中ががっちりと広い」。**the three-cornered eyes**「隅が〔角が〕3つある目」つまり「三角形の目」ですが、別に怒っているわけではありません。そういう特徴の目をしているのです。

　the forehead that went on to the top of his skull「頭のてっぺんまで前進している額→額が、頭のてっぺんまで抜け上がっている〔禿げ上がっている〕」。

　He was a city man, a gentleman,「彼は都会育ちの人だった、つまり紳士であったのだ」。

　そしてその彼が、**though he had married a rough farm girl,**「彼(＝都会の人であり洗練された優雅な紳士で、メアリーが好きでたまらぬ男)は、がさつな野良育ちの百姓娘と結婚したのではあったけれども」。この a rough farm girl で Mary が、rough な女である理由も氷解され、夫が、都会から農村に入り、定住して農夫となった人であることも明らかになりましたね。

　he had never touched her without gentleness. never . . . without の関連に注意、二重否定ですね。「彼が彼女に接する態度は、常に穏かで優しかった」。ではこの2人を結びつけ、一心同体にしてくれている共通の人生観、価値観とは、どういうものであったのでしょうか。

［全訳Ⅰ］

　彼はメアリーよりも15歳年上であった、しかし彼女は、そのことについて、それまでは考えてみたことすらなかった。この人こそ彼女の「男」だったから、それも好きでたまらぬタイプの男だったからだ。彼女はがさつな、粗野な女だった、そして夫は、やさしく品のよい、そう、彼女が口ぐせに言っていたように「都会育ち」の男だった。この2人は、これまで、いわば荒海の航海に乗り出した船乗り同士だったのだ、そして辛い苦しい時化(しけ)の時には、お

160

互いに力になり合って来たのである。この2人の場合、生活はうまく行った、なぜなら、2人は人生について、根底においては同じ考え方を持っていたからだ。2人は別に議論はしなくても、(人生で)何がいちばん重要なことか、何が第二次的で無視してよいことかに関しては意見が一致していた。意見を交換する[話し合う]ことは、チェコ語ですら稀であった、その様子は、この2人は、いつも同じことを一緒に考えているかのようであった。もちろん、2人が送って来たような辛い厳しい生活では、船の沢山の積荷を犠牲にし、船から海へ投げ捨てなければならぬことも多かった、そして、ではどの積荷から捨てたらよいかについて、この2人の意見が食い違い対立することは決してなかったのである。それはもう辛い苦しい生活ではあった、そして同時にまた、穏かで楽しい生活でもあった。この背の低い、背中は広くがっしりとした男、三角形の目をしていて、額は頭のてっぺんまで禿げ上がっているこの男には、おおよそ乱暴で残酷なところは全くなかった。彼はまさしく都会育ちの人、紳士だったのである、そしてそういう男が、野良育ちの、がさつな百姓娘と結婚したのではあったけれども、妻に接する時は、常に優しく穏やかな態度を失うことはなかった。

II

① They had been at one accord not to hurry through life, not to be always skimping and saving. They saw their neighbors buy more land and feed more stock than they did, without discontent. Once when the creamery agent came to the Rosickys to persuade them to sell him their cream, he told them how much money the Fasslers, their nearest neighbors, had made on their cream last year.

② "Yes," said Mary, "and look at them Fassler children! Pale, pinched little things, they look like skimmed milk. I'd rather put some color into my children's faces than put money into the bank."

The agent shrugged and turned to Anton.

"I guess we'll do like she says," said Rosicky.

❶ **They had been at one accord not to hurry through life, not to be always skimping and saving.** be at one accord＝be in[of] one accord「一致している」。not to hurry . . . と not to be . . . はいずれも副詞句で、2人の考え方が had been at one accord（一致していた）点を、方面を特定し明らかにする働きをしています。いわゆる adverbial infinitive of specification（特定の副詞的不定法）です。

hurry through life「急いで人生を渡る→あくせくとした世渡りをする」。

skimping and saving「けちけちしみったれて、金を溜める→爪に火をともして金を溜める」。「2人は一致していた、あくせくとした世渡りはしない、爪に火をともして常に金を溜めることはしない、という点で」。**They**(S) **saw**(V) **their neighbors**(O) **buy**(C₁) **more land and feed**(C₂) **more stock than they did, without discontent.** SVOC の第5文型です。

they did の did は代動詞 do の過去で、目的格補語として機能している原形不定詞 buy と feed の代わりを勤めています。従って they did＝they bought and fed です。

without discontent（何の不安もなく）は、述語動詞 saw にかかっている副詞句であることにも注意。「2人は、近隣の農家が、2人よりも多くの土地を買い増やし、飼育する家畜の数を増やして行くのを、何の不満もなく眺めていた」。

あくせくとした世渡りはしない、しみったれて金を溜めることはしない、生活を楽しく豊かにするために金は使う、そして他人はどうあろうと、他人は他人、我は我でわが道を往く、この夫婦の生き方を、人生観を例証するエピソードをひとつ紹介してこの一文は終わっています。

the creamery agent「酪農［乳業］会社、たとえば雪印乳業のような企業の代理人、農家を廻ってクリームを買い付けに来る仲買人」。

the Rosickys「ロジキー家」。the＋固有名詞の複数形（. . .家、. . .一家）。

---

cf. the Yamamotos
山本一家、山本家

162

to persuade them to sell him their cream,「この家のクリームを、彼に売ってくれるよう2人を説得するために」。came にかかる目的を示す副詞句。ここでは、全訳のように継続的に処理します。

he(S) **told**(V) **them**(O₁) **how much**(O₂) **money the Fasslers, their nearest neighbors, had made on their cream last year.**　SVO₁O₂ の第4文型の sentence。O₂の部分は how に始まる名詞節、そしてこの名詞節の主語は the Fasslers「ファスラー一家」＝their nearest neighbors「彼らの最寄りのお隣さん」。述語動詞 had made の目的語は how much <u>money</u>「どんなに沢山のお金を」の money になっていますね。on their cream「彼らのクリームを売って」。

❷ **"Yes," said Mary, "and look at them Fassler children!**「『そうね』とメアリーは言った、『それでさ、あのファスラー家のお子さんたちを見てごらんよ！』」。

them Fassler children＝those Fassler children。口語によく見られる俗語的な用法。

Pale, pinched little things,「青白く、やせこけたチビ助ばっかり」。pinched＝thin and drawn。

skimmed milk「スキムド・ミルク」。しぼり立ての牛乳の上層には、乳皮と言って、牛乳の油脂分が浮き出て凝固します。これを掬い取ったのがクリーム(cream)で、バター、チーズや、アイスクリームなどの原料です。このクリームをすくい取った後の milk が、すなわちスキムド・ミルクです。血色の悪い、やせこけた子供たちを、この水っぽいスキムド・ミルクにたとえて、they look like skimmed milk(まるでスキムド・ミルクみたいに見える)と言っているのです。

I'd rather put some color into my children's faces than put money into the bank.　would rather . . . than～(～するよりもむしろ . . . したい→～するぐらいなら . . . するほうがまし)。この用法は3通りあって、それぞれよく使われますが、内容は全く同じです。

---

cf. I **would rather** die **than** tell a lie.＝I **would sooner** die **than** tell a lie.＝I **would as soon** die **as** tell a lie.
嘘を吐くぐらいなら死んだほうがましだ。

would はいずれも反実仮想の would です。それぞれを直訳すると、would rather . . . than ～（～するよりもむしろ . . . したい）。would sooner . . . than ～（～するよりも早く［その前に］. . . したい）。would as soon . . . as ～（～するや否や［～すると同時に］. . . したい）。I would rather die than tell a lie. (嘘を吐くよりもむしろ、私は死にたい）と言っても現実に死んでみせる人はいませんね。だから will ではなく would になるのです。

　color「顔の血色、赤い頬の色」。**put money into the bank**「銀行にお金を入れる［預ける］、お金を溜めこむ」。「私はね、お金を銀行なんかに入れるくらいなら、家（うち）の子供たちの顔に、赤い血の色をいくらかでも入れてやるほうがましだと思うの」。クリームは売りません。子供たちにうんと食べさせて、頬がバラ色の元気な子供になってもらいたいのだ、銀行預金を増やすより、そのほうが大切だ、と言うのです。

　The agent shrugged and turned to Anton.「仲買人は、（これではどうにもならんと諦めて、）肩を竦（すく）めた、そして（ご亭主の方はどうかと）アントンの方に向きを変えた［鉾（ほこ）先を転じた］」。これで夫婦の名前もはっきりしましたね。夫は、アントン・ロジキー、妻はメアリー・ロジキーです。

　"I guess (that) **we'll do like she says,"**「うちでは、まあ家内の言うようなやり方で、やって行くのですな」。like は、このように、口語では、特にアメリカでは、接続詞として機能しますが、like より as を使うほうが普通です。

［全訳II］

　あくせくとした世渡りはしない、常にけちけちしみったれてお金を溜めることはしない、という点で2人は全く一致していた。2人は隣近所の農家が、2人よりも地所を買い増やし、飼育する家畜の数を増やしていくのを、何の不満も抱かずに眺めていた。ある時、酪農会社の仲買人がロジキー家にやって来て、2人を説得して彼にこの家のクリームを売らせようとした時に、この仲買人は2人の最寄りのお隣さんのファスラー一家が、去年、その家のクリームを売って、どんなに大金を手に入れたかを2人に話して聞かせたのであった。

　「そうね」とメアリーは言った、「それでさあ、ファスラー家のお子さんたちを見てごらんなさいよ！　みんな青白くて、やせこけていて、チビ助ばっか

り、まるで、スキムド・ミルクみたいだわ。わたしはね、お金を銀行に預けるくらいなら、家の子供たちの顔に赤い血の色をいくらかでも付けてやるほうがましだと思うのよ」

その仲買人は、肩を竦めた、そしてアントンの方に鉾先を向けた。

「うちでは、家内の言うようなやり方でやって行くんですなあ」とロジキーは答えた。

この一文に何かを触発され、この一文の前後まで知りたいと、強い興味を覚えられる方は、研究社の小英文学叢書の一巻、ウィラ・キャザーの『ポールの場合・隣人ロジキー』をお読み下さい。辞書を引き引き、注釈を参照しながら、皆さんが英米の名著を原書で読み始める契機になるかもしれません。

23 チャーリー・チャップリン

20世紀最大のコメディアン、舞台芸術家であったチャーリー・チャップリンを知らない人はいないでしょう。同時代の、すぐれた俳優、女優、あるいは歌手で世界のファンの心を魅了した人々がほとんど忘れ去られた今日においても、チャップリンだけは、日本の現代の若者たちも、程度の差はあれ、忘れてはいないのです。次の一文は、このチャップリンの親しい友人であったサマセット・モームが、この友人を簡潔に素描した文章の一部（後半）を抜いたものです。すぐれた友人の洞察力がよく示されていると思いますので。では一緒に味読してみましょう。

I

① Charlie Chaplin will keep you laughing for hours on end without effort; he has a genius for the comic. His fun is simple and sweet and spontaneous. And yet all the time you have a feeling that at the back of it all is a profound melancholy. ② He is a creature of moods and it does not require his facetious assertion: "Gee, I had such a fit of the blues last night I didn't hardly know what to do with myself" to warn you that his humour is lined with sadness. ③ He does not give you the impression of a happy man. I have a notion that he suffers from a nostalgia of the slums. The celebrity he enjoys, his wealth, imprison him in a way of life in which he finds only constraint. I think he looks back to the freedom of his struggling youth, with its poverty and bitter privation, with a longing which knows it can never be satisfied. ④ To him the streets of southern London are the scene of frolic, gaiety and extravagant adventure. They have to him a reality which the well-kept avenues, bordered with trim houses, in which live the rich, can never possess.

❶ **Charlie Chaplin**(S) **will keep**(V) **you**(O) **laughing**(C)、第5文型の sentence です。笑っている (laughing) のは目的語の you (あなた方)、すなわち、舞台上のチャップリンの演技を見ている観客で、この観客が笑っている状態を「持続させる」(keep) のです。この述語動詞 keep を副詞句が3つ、次々に連続して修飾しています。

for hours (何時間も)、**on end** (引き続いて、連続して)、**without effort** (努力なしに、何の苦もなくやすやすと)。「チャーリー・チャップリンは、観客を、何時間もぶっ続けに、何の苦もなく笑わせ続けるでありましょう」。

a genius for the comic「喜劇に対する天才→人を笑わせる天才」。

His fun is simple and sweet and spontaneous「チャップリンのおかしさ[面白さ]は、素朴で、甘美で、自然に流露(りゅうろ)するおかしさである」。spontaneous「自然な、無理に笑わせようとする作為がない」。

And yet all the time you have a feeling that at the back of it all is a profound melancholy.

and yet は「それにもかかわらず、しかし」。all the time「[副詞句]その間ずっと、笑っている間中ずっと」。that 以下は、a feeling の内容を説明する同格的名詞節です。that 節の主語は a profound melancholy、述語動詞は is で、この is は完全自動詞 exist として機能しており、at the back of it all は副詞句ですが、これが文頭に出て、倒置形になり主語が末尾に来ています。これは第1文型、S+V の sentence ですね。it は前出の his fun で、次の all とは同格関係になっています。

「しかし、笑っている間中ずっと、観客は、そのおかしさ、面白さすべての背後には、深い哀愁が存在しているという感じを抱いて(笑っている)のである」。

❷ **He is a creature of moods** の a creature of moods は「気分の変化の激しい人、気分屋の→憂鬱症の人」。

moods「㉟ふさぎこみ、憂鬱」。気分の高低起伏の落差が激しいことが憂鬱症の特徴です。「彼は(実は)憂鬱症の人なのである」。

and it does not require his facetious assertion: "Gee, I had such a fit of the blues last night I didn't hardly know what to do with myself" to warn you that his humour is lined with sadness.　it は形式主語で、to 以下がその内容をなす、it . . . to〜の文構造です。「あなた方に〔観客に〕、that 以下のことを警告すること、それは、彼の facetious（おどけた、ひょうきんな）な次の主張を必要としていない→観客に that 以下のことを警告するためには、何もチャップリンが、おどけて、次のように言い張る必要はない→チャップリンが、面白おかしく次のように言い張らなくても、観客に次の警告は届いているのである〔観客にはわかっているのである〕」。

> *cf.* **It** takes a poet **to translate** poetry.
> 　詩を翻訳するためには、詩人（の才能）が必要である。

"Gee, I had such a fit of the blues last night (that) **I didn't hardly know what to do with myself"**
　この直接話法の sentence は、I didn't know の前に接続詞の that が省略されていて、これと such a fit of the blues の such とが係り結びになっています。such . . . that の係り結びを見落とさぬこと。
　a fit of the blues「憂鬱症の発作、ふさぎの虫」。the blues は「気のふさぎ、憂鬱症」のこと。I didn't hardly know＝I didn't know *or* I hardly knew 口語によくあらわれる否定詞が２つあって１つの否定と同じである場合の一例です。日本語でもこの例は少なくありません。たとえば、あんな馬鹿は<u>いない</u>＝あんな馬鹿はないったらない、あんな馬鹿はねえったらねえ、などが、この not hardly に相当する表現です。cockney（ロンドンの下町方言）に頻出する用法です。what to do with myself の with＝toward（. . . に対して）、what は to do の目的語です。「私自身に対して何をなすべきか→この身をどうしたらよいのか」。
　さて、②を試訳すると、「彼は、憂鬱症の人なのである、そして、彼のユーモア〔笑い〕は、悲しみに裏打ちされているのであることを、観客に警告するためには、彼が面白おかしく、わざわざ次のように言い張る必要はないのである、『やれやれ、私は昨夜、ひどいふさぎの虫に取りつかれましてね、この身をどうしたらよいか、わからないったらなかったですよ』と」。
　チャップリンが観客を笑わせるおかしさ、面白さの背後には、深い悲しみが、

168

常に存在している、笑いの裏打ちになっているのは悲しみであって、それがチャップリンのユーモアの特質となっているという指摘に注意して下さい。そして、イギリスに生まれ育った特異な笑いの一種、ユーモアの特質のひとつを定義すれば、それは悲しみに裏打ちされた笑いであると言ってよいのです。光に影が寄りそうようにユーモラスな笑いには、ペーソスが、悲しみが背後にあって、この笑いに深い陰翳を付けていると言えましょう。チャップリンのかもし出すおかしさこそユーモアなのだとモームは言っているのです。チャップリンの映画を見たことのある皆さんが漠然と感じていたことが、明確にされたような気持ちになりませんか。

❸ **He**(S) **does not give**(V) **you**(O₁) **the impression**(O₂) **of a happy man.** S＋V＋O₁＋O₂、第4文型の sentence です。「チャップリンは、幸福な人、という印象を観客に与えはしない」。

I have a notion that . . . . that 以下は a notion の内容を説明する同格的名詞節で、「私は . . . という考えを持っている」が直訳です。従って、I have a notion that . . . ＝I think that . . . 。

he suffers from a nostalgia of the slums suffer from . . . 「 . . . に苦しむ［悩む］」。the slums は定冠詞の the に注意。「あのスラム街」、すなわちチャップリンの故郷、ロンドンのランベス・スラム街のこと。「彼は、あのスラム街に対する郷愁（ノスタルジア）に苦しんでいるのである」。

The celebrity (that) **he enjoys, his wealth, imprison him in a way of life in which he finds only constraint.**

the celebrity (that) he enjoys「彼が味わっているあの名声」。世界の喜劇王、世界の名士としてのチャップリンの名声です。

his wealth「彼の富」。彼はビバリー・ヒルズに大邸宅を持つ大財産家でもありました。名声と財産が imprison him「彼を閉じこめている」のですが、それは、in a way of life「ひとつの生活様式の中に」閉じこめているのです。

in which の先行詞はもちろん a way of life です。in which 以下を継続的に処理すると、and he finds only constraint in that way of life（そして、その生活様式の中において、彼はただ窮屈さのみを見出している）となります。

さて次に、in which 以下を後ろから制限的用法で処理しながら、the celebrity 以下を試訳してみましょう。「彼が味わっているあの名声と、彼の財産のために、彼はいま、彼にとっては、ただ窮屈としか思われない生活様式の中に閉

じこめられているのである」。一歩外に出れば、ファンにとりかこまれ、報道記者にインタビューを求められる名士の生活は、本来ボヘミアンである彼にとっては、辛い窮屈なものと思われるのであろう、と言うのです。

I think (that) **he looks back to the freedom of his struggling youth, with its poverty and bitter privation, with a longing which knows it can never be satisfied.** look back to「[句動詞]ふり返る、回想する」。**his struggling youth**「彼の悪戦苦闘の青年時代」。ランベスのスラム街に生まれ、しがない芸人であった両親の庇護(ひご)を受けることができず、少年時代から自立して芸能界に身を投じ、遂にロンドンの Music Hall (寄席(よせ)) の comedian として名をなすまでの波瀾に満ちた苦闘の時代のこと。with its poverty 以下は youth にかかる形容詞句、「いつも貧乏で辛い窮迫に苦しんでいた」、次の with a longing 以下は、looks back to にかかる副詞句、「一種の憧憬(あこがれ)[郷愁]の思いを以て」ふり返る、と続いているのですが、ここはむしろ結果的に、「ふり返って[回想して]いま郷愁を感じている」と処理しましょう。with a longing which knows (that) it can never be satisfied. which の先行詞は a longing ですから、その憧憬は knows (知っている、承知している) と構文的には続いているのですが、内容的には、その憧憬を抱いている人、即ちチャップリンが承知しているのです。何を知っているのか、it can never be satisfied (その憧憬を満たすことは決してできない) ということを、知っているのです。いまさらスラム街の時代に戻ることはできないことをよく承知していながら、しかし強い郷愁に苦しんでいる、と言うのです。日本語においても、私の夢は知っている、という言い方はありうるし許されると思います。筆者はチャップリンのユーモアの背後に存在する哀愁の根源には、生まれ故郷のランベス・スラム街に対する断ちがたいノスタルジアがあると推定しています。

❹ **To him the streets of southern London are the scene of frolic,** (of) **gaiety and** (of) **extravagant adventure.**

the scene「舞台」。of frolic＝frolicsome (陽気な、楽しい)。of gaiety＝gay (華やかな)。of extravagant adventure「途方もない、思いもよらぬロマンチックな事件の起こる」。この3つの形容詞句は、いずれも the scene を修飾しています。

the streets of southern London (南ロンドンの街々(まちまち))、とりわけランベスのスラム街こそ、チャップリンの憧憬の世界、夢の舞台、陽気で華やかで、そ

170

してあの中期の名作『街の灯』のような、後期の名作『ライムライト』のような、ロマンチックな事件(adventure)が、ひょっこり起こる舞台なのだ、と言うのです。

They have to him a reality which the well-kept avenues, bordered with trim houses, in which live the rich, can never possess.

They は the streets を受けています。a reality「ひとつの実在性[実在感]」、目的格関係代名詞 which の先行詞になっており、末尾の possess の目的語です。the well-kept avenues (手入れの行き届いた並木通り)は、which 以下の形容詞節の主語で、これを形容詞句 bordered with trim houses (きちんとした邸宅で縁取られた、つまり両側にずらりと続いている)が修飾しています。in which live the rich　which の先行詞は houses。「その邸宅には、お金持ちばかりが住んでいる」のです。live the rich と倒置形になっているのに注意。

すると、the well-kept avenues とは、すなわち、高級住宅街のことにほかなりません。たとえば、ビバリー・ヒルズのような。チャップリンの大邸宅は、ビバリー・ヒルズにありました。「南ロンドンの街々は、チャップリンにとっては、ひとつの実在感を持つ世界であって、かかる実在感は、手入れの行き届いた並木通り、両側に立派な邸宅が続いており、その邸宅にはお金持ちばかりが住んでいる、すなわち高級住宅街が決して持つことのできないものである」。

［全訳Ⅰ］

　チャーリー・チャップリンは、観客を、何時間もぶっ続けに、何の苦もなく笑わせ続けるであろう、彼には、人を笑わせる天才があるからだ。チャップリンのかもし出すおかしさは、素朴で、甘美で、おのずから流露するおかしみである。しかし、人々は、笑っている間中ずっと、そのおかしさ、笑いのすべての背後には、深い哀愁が存在していることを、みな感じながら笑っているのである。彼は憂鬱症の人なのだ、だから、チャップリンが、わざわざ、おどけて「やれやれ、ゆうべは、ひどいふさぎの虫にとりつかれましてね、この身をどうしたらよいか、わからないったらなかったですよ」と言い張らなくても、彼のユーモアが悲しみに裏打ちされていることは、観客にはわかるのである。彼は決して観客に、幸福な人という印象を与えはしない。彼

はあのランベス・スラム街に対する郷愁に苦しんでいるのではないかと私は考えている。彼がいま味わっているあの名声と莫大な富のために、彼は、彼にとってはただ窮屈としか思われないひとつの生活様式の中に閉じこめられているのである。自分の悪戦苦闘の青年時代、いつも貧困に苦しみ、窮迫に追われてはいたが、しかし自由であった昔をふり返って、いま彼は郷愁を覚えているのではないかと私は思っている、この郷愁を充たすことは絶対にできぬことと知りながら....。彼にとっては、南ロンドンの街々こそ、陽気で、華やかな舞台、そして、とんでもないロマンチックな事件がひょっこり起る舞台なのだ。南ロンドンの街々は、チャップリンにとっては、ひとつの実在感を持つ世界なのであって、かかる実在感は、手入れの行き届いたあの並木通り、すなわちその両側には、きちんとした邸宅が続いており、その中には金持ちばかりが住んでいるあの高級住宅街が決して持ちえないものなのである。

■ II ─────────────────────────────

①I can imagine him going into his own house and wondering what on earth he is doing in this strange man's dwelling. I suspect the only home he can ever look upon as such is a second-floor back in the Kennington Road. ②One night I walked with him in Los Angeles and presently our steps took us into the poorest quarter of the city. There were sordid tenement houses and the shabby, gaudy shops in which are sold the various goods that the poor buy from day to day. His face lit up and a buoyant tone came into his voice as he exclaimed: "Say, this is the real life, isn't it? All the rest is just sham."

❶ I(S) **can imagine**(V) **him**(O) **going**(C₁) **into his own house and**

wondering(C₂) **what on earth he is doing in this strange man's dwelling.**

　going と wondering と、2 つの目的格補語を従えている S＋V＋O＋C、第 5 文型の sentence。his own house はビバリー・ヒルズにあったチャップリンの邸宅のこと。on earth「一体全体」。in this strange man's dwelling「こんな赤の他人の住居の中で」。

　たしかに、これは自分の住居だが、いいや、こんな住居は自分のホームなんかじゃない、自分が本当に(really)住むべきホームは、こんな家じゃない、とチャップリンが考えている時、彼の頭には南ロンドンのランベス・スラム街のわが家の幻が浮かんでいるのだろう、と筆者は言っているのです。こういう、これがわが家だという **a reality**（ひとつの実在感）を、高級住宅街は、チャップリンに対しては、持ちえない、与ええないのだ、と言っているのです。「私には想像できるのである、彼が自分の邸に入っていって、こんな赤の他人の住居の中で、一体全体、自分は何をしているのだろうか、と考えこんでいる姿が ...」。

　I suspect (that) **the only home** (that) **he can ever look upon as such is a second-floor back in the Kennington Road.**

　I suspect (that) ...「私は ... ではないか、と思う」。look upon O as ... ＝regard O as ...（O を ... と見なす、O を ... と考える）。

　the only home を先行詞にする目的格関係代名詞 that が省略されていますが、これが look upon の目的語、すると、as such は、目的格補語として機能していることに気づくはずです。such は、as home と、home を再度使うことを避けた代名詞です。

> *cf*. He is a **child** and must be treated as **such**.
> 　彼は子供なのです、ですから子供として扱ってやらなければならない。

　a second-floor イギリスでは 3 階、アメリカでは 2 階を指すことに注意。
　the Kennington Road はランベスを南北に走る通り、チャップリンは少年時代の大半を、主としてこの通りの周辺で、過ごしたのです。
　back「... の裏の、... の奥の」。副詞の形容詞的用法で a second-floor にかかります。
　「チャップリンが、これがわが家だと考えることのできるのは、唯一、あのケニントン通りの裏手の 3 階の安アパートではないかと私は思っている」。

❷筆者は、彼の推定、チャップリンのユーモアの背後に潜む悲しみの根源は、ランベス・スラム街に対する郷愁にあるのではないかとする推定を裏書きするひとつのエピソードを紹介して、この一文を結んでいます。

Los Angeles (ロサンゼルス市) の郊外の一区がハリウッドです。この二人の夜の散歩は、恐らくモームの小説が映画化された折に、ハリウッドを訪れ、チャップリンと親交を結んだ時のことでしょう。そしてチャップリンは、ハリウッドの、まさに王様でした。

presently our steps took us into the poorest quarter of the city take「連れてゆく」。「間もなく、私たちの歩みは、私たちを...の中に連れていった→やがて、私たちは、いつの間にか、ロサンゼルス市でも一番の貧民街の中に足を踏み入れていた」。

There were sordid tenement houses and the shabby, gaudy shops in which are sold the various goods that the poor buy from day to day. スラム街の簡潔な描出です。

sordid tenement houses「むさくるしい棟割りの安アパート」。

the shabby, gaudy shops「みすぼらしい、けばけばしい[金ピカの]小店」。安物を売る店の商品は、とかく金ピカで、けばけばしい感じを与えるものです。in which 以下が倒置形になっていることに注意。主語は the various goods「いろいろな雑多な商品」。from day to day「毎日毎日、来る日も来る日も」。

His face lit up「彼の顔が、パッと明るくなった」。

a buoyant tone「浮き浮きとした、弾んだ声の調子」。

"Say, this is the real life, isn't it? All the rest is just sham."「ねえ、これが本当の生活というもんですよ、ね。これ以外のほかの生活はみんな、ニセモノ、インチキなんですよ」。

ここで出てくる real (本当の) という意味が、前出の a reality「ひとつの実在感」という言葉の意味を明らかにしています。

チャップリンにとって「本物の、本当の」生活と思われる生活は、南ロンドンのスラム街の生活だったのだ、と筆者は言っているのです。そこでチャップリンが幼少時代に味わった体験が、そこで味わった生きることの悲しみと悦びが、チャップリンの郷愁の源泉なのであり、またこの世界最大のコメディアンがかもし出す笑い、ユーモアの裏打ちとなり、一抹の哀感を観客の心に生ぜしめる理由なのだ、とモームは言っているのです。

　この一文には後日譚があって、チャップリンは、晩年の『自伝』の中で、自分の憂鬱症と孤独癖の原因について、いろいろな誤解が生じている一例として、親友のモームのこの一文に言及し、自分の憂鬱の原因を、スラム街に対する郷愁にあるとするのは、モーム君のとんでもない誤解であって、自分は、あのスラム街とその貧困の生活から脱出しようと努めたのであると、この文章を引用して反駁しています。

　しかしチャップリンも、ひどくムキになっているところがあり、モームがここで、いささかセンチメンタルになって誤りを犯していると断ずることはできないような気がします。すぐれた作家は、しばしば、論ずる対象である人物が意識していない、もしくは意識したくない内面の真実を見透すことが少なくないからです。

［全訳Ⅱ］

　チャップリンが、自分の邸宅の中に入っていって、そこで、自分は一体、こんな赤の他人の住居の中で、何をしているのだろうか、と考えこんでいる姿を、私は想像できるのである。チャップリンが、これが自分の「わが家」だと思うことができるのは、唯一ケニントン通りの裏手のあの3階の安アパートなのではないかと私は思っている。ある夜のこと、私は彼とロサンゼルス市の中を散歩していた、そして、いつの間にか、私たちは、この都市の一番の貧民街の中に足を踏み入れていたのである。汚らしい棟割りの安アパートが続いており、これまた見すぼらしい、金ピカのけばけばしい小店も目についた、貧乏人が来る日も来る日も買い求める雑多な商品を売る店である。すると、チャップリンの顔が、パッと明るく輝いた、そして彼が次のように叫んだ時、その声には、浮き浮きとした弾んだ調子があったのだ、「ねえ、これが本物の生活ってもんですよ、ねえ。これ以外の生活は、みんなニセモノ、インチキなんですよ」。

　この長文は東京工大の入試問題から取りました。ワークとレーバーという言葉の定義をめぐって展開される社会学者らしい人物の御意見を傾聴することにしましょう。読み終わったら、学生として皆さんはワーカーなのか、レーバラーなのか考えてみて下さい。老生はワーカーのはしくれである、と小さな声で申しておきます。文頭に出てくるハンナ・アレント女史はドイツ出身の哲学者であり、社会学者であって、ナチスの迫害を逃れてアメリカに亡命し、ここで盛名を確立した人。ヨーロッパがアメリカに送った最大の知性のひとつです。ハイデッガーの弟子であり恋人でもあった人、またヤスパースの弟子であり、友人でもあったことでもよく知られています。

I

　① So far as I know, Miss Hannah Arendt was the first person to define the essential difference between work and labor.　To be happy, a man must feel, firstly, free and, secondly, important.　He cannot be really happy if he is compelled by society to do what he does not enjoy doing, or if what he enjoys doing is ignored by society as of no value or importance.　In a society where slavery in the strict sense has been abolished, the sign that what a man does is of social value is that he is paid money to do it, but a laborer today can rightly be called a wage slave.　A man is a laborer if the job society offers him is of no interest to himself but he is compelled to take it by the necessity of earning a living and supporting his family.

　② The antithesis to labor is play.　When we play a game, we

enjoy what we are doing, otherwise we should not play it, but it is a purely private activity; society could not care less whether we play it or not.

③ Between labor and play stands work. A man is a worker if he is personally interested in the job which society pays him to do; what from the point of view of society is necessary labor is from his own point of view voluntary play.

---

❶ **the essential difference between work and labor**「ワークとレーバーの本質的な違い」。この一文は、**work** という言葉と **labor** という言葉を明確に定義することから始まっています。それゆえ、**work** を仕事、**labor** を労働と早急に訳すのは避けることにして、単に片仮名で、それぞれ「ワーク」、「レーバー」と訳し、その意味内容をはっきりと摑むことからはじめることにします。

To be happy, a man must feel, firstly,(that he is) **free and, secondly,**(that he is) **important.** 省略を補充しましょう。「幸福であるためには、人はまず第1に、自分は自由だと感じ、第2に、自分は価値ある人間であると感じなければなりません」。

be compelled to〜＝be obliged to〜、be forced to〜（〜せざるをえない）。**what he does not enjoy doing**「（それを）やることが楽しいとは思えないこと」。**what he enjoys doing**「（それを）やることが楽しいと思うこと」。**as of no value or importance**「何の価値も、また重要性もないものとして」。

In a society where slavery in the strict sense has been abolished「厳密な意味における奴隷制度が撤廃されてしまった現代社会において」。

the sign that what a man does is of social value is that he is paid money to do it の the sign は「しるし、証拠」。接続詞 that 以下 value までは、the sign の内容を説明する同格的名詞節です。その後の is が述語動詞で、次の that 以下も名詞節を作り、主格補語になっています。この sentence は S＋V＋C、第2文型です。to do it は条件を示す副詞句、「それをやれば」。「ある人間がやっている仕事が社会的価値を持つものであるというしるし［証拠］は、その仕事をやれば、金を払ってもらえるということにほかならない」。

but a laborer today can rightly be called a wage slave.＝but we(S) can rightly call(V) a laborer(O) today a wage slave(C). 「しかし今日、レーバラーを賃金奴隷と呼ぶことはできるのであって、この呼び方は正しいのである」。rightly は文全体を修飾する副詞。

A man is a laborer if the job society offers him is of no interest to himself but he is compelled to take it by the necessity of earning a living and supporting his family. if 節を構成する 2 つの sentence が but によって接続されています。「社会がある人間に与えている仕事は、彼にとって少しも面白くはないのであるが、しかし、生活の資を稼ぎ、妻子を扶養する必要により、その仕事をどうしてもやらざるをえない場合、人間はレーバラーとなるからだ」。

以上で labor と laborer の定義は終わりました。人間がそれをやることに喜びを、生き甲斐を覚えることができない、不快と苦痛を感じているが、しかしそれをやらなければ生活が立たぬ、それでやむをえずしている仕事をレーバーと言い、それをしている人がレーバラーであり、別名を賃金奴隷と言っています。社会の圧力によって、嫌な仕事をやらされている人に選択の自由は失われています、その点で昔の奴隷と同じ境遇にあり、ただ賃金をもらえる点が奴隷と異なるがゆえに賃金奴隷と名づけられるのです。

❷ **The antithesis to labor is play.** 「レーバーと正反対のものはプレーである」。

When we play a game, we enjoy what we are doing, otherwise we should not play it

otherwise は前文を受けて「もしそうでなければ」と接続詞的に機能しています。should は仮定法過去の should。「私たちがあるゲームをする場合、やっているゲームを楽しんでいるのである、楽しくなければそれをやりはしないであろう」。

but it is a purely private activity「しかしそれは全く個人的な活動なのであって」。

society could not care less whether we play it or not.

could not care less「全く気にしないであろう、全く平気である」←「これ以上に気にしないでいることはできないであろう」。

これでプレーも定義されました。マージャンやテニス、ゴルフや観光などがこれに当たります。

❸ **Between labor and play stands work.** 副詞句が前に出て、主語の work が最後に置かれた倒置形の sentence。stands＝is「レーバーとプレーの中間に、ワークは位置している」。

A man is a worker if he is personally interested in the job which society pays him to do 目的格の関係代名詞 which の先行詞は the job で、末尾の do の目的語になっています。to do は条件を示す副詞句、「その仕事をやれば」。試訳すると、「その仕事をやれば、社会がちゃんと金を払ってくれる仕事に、人が個人としても興味を持ち面白いと思っている場合、その人はワーカーとなるのである」。

what from the point of view of society is necessary labor is from his own point of view voluntary play この sentence は 2 つの副詞句 from the point of view of society（社会の観点から見るならば）と from his own point of view「彼自身の観点から見るならば」を取り去ると、what (S) is necessary labor is (V) voluntary play (C)、S＋V＋C、第 2 文型になります。「社会の観点から見るならば、必要不可欠なレーバーであるものが、彼自身の観点から見るならば、いそいそと進んでやるプレーになっているのである」。

これでワークの定義も終わりました。人間が、その仕事をすることに喜びと生き甲斐を感じている仕事、しかも社会がそれに社会的価値を認め、金銭的な報酬を与えてくれる仕事を、ワークと定義しているのです。さて筆者は、以上の定義にもとづき、ワークとレーバーの本質的な違いを、さらに明確にするために、次節の§2 に進んでいきます。

［全訳Ⅰ］

　私の知る限りでは、ワークとレーバーの本質的な違いを、はじめて定義した人は、ハンナ・アレント女史である。人間が幸福になるためには、まず第一に、自分は自由な人間であると感じなければならぬ、第二に、自分は価値ある存在だと感じなければならない。社会の圧力により、やっても楽しくは思えない仕事をやらざるをえないならば、またやることが楽しい仕事であっても、それが何の価値も、重要性もないものとして、社会によって無視されるのであれば、人間は本当に幸福にはなれないのである。厳密な意味での奴

隷制度が廃止されている現代社会の中で、ある人間のやっている仕事が社会的に価値あるものであるという証し[証拠]は、その仕事をやると金を払ってもらえるということであるが、しかし今日レーバラーを賃金奴隷の名で呼ぶことはできるのであって、この呼び方は正しいのである。社会がある人間に提供している仕事が、本人にとっては全く面白く思われないのに、しかし彼は生活の資を稼ぎ、妻子を扶養する必要のためにその仕事をやらざるをえないのであれば、人間はその場合、レーバラーになるのであるからだ。

レーバーと正反対のものがプレーである。私たちがあるゲームをする場合、私たちはやっていることが楽しいのである、そうでなければ、私たちはそのゲームをやりはしないであろう、しかしそれは全く個人的な活動なのであって、私たちがそれをやろうがやるまいが、社会は全く気にすることもないのである。

レーバーとプレーの中間に、ワークは位置している。その仕事をすれば、社会がちゃんと金を払ってくれる仕事に、それをする人が個人的にも興味を持ち、面白いと思っている時、その人がワーカーにほかならないのである。社会の観点から見ると、必要不可欠なレーバーである仕事が、それをする本人の観点から見ると、みずからいそいそと喜んで行うプレーになっているのである。

■ II

① Whether a job is to be classified as labor or work depends, not on the job itself, but on the tastes of the individual who undertakes it. The difference does not, for example, coincide with the difference between a manual and a mental job; a gardener or a shoemaker may be a worker, a bank clerk a laborer. ② Which a man is can be seen from his attitude toward leisure. To a worker, leisure means simply the hours he needs to relax and rest in order to work efficiently. He is therefore more likely to take too little leisure than too much; he dies of a heart attack and forgets his wife's birthday. To a laborer, on the other hand, leisure means freedom from compulsion, so that it is natural for him to imagine that the fewer hours he has to spend laboring, and the more hours he is free to play, the better.

③ What percentage of the population in a modern technological society are, like myself, in the fortunate position of being workers? I would say, at a guess, sixteen per cent, and I do not think that figure is likely to get bigger in the future.

❶ **Whether a job is to be classified as labor or work depends, not on the job itself, but on the tastes of the individual who undertakes it.** whether にはじまる名詞節が、この sentence の主語となり、述語動詞 depends は、not . . . but～の係り結びによって、depends not on . . . but on ～（. . . によってではなく～によって決まる）と繋っています。

the tastes は複数なので、ここでは「好き嫌い」と処理しなければなりません。

試訳「ある仕事を、レーバーと分類すべきか、それともワークと分類すべきかは、その仕事そのものの性質によって決まるのではなくて、その仕事を引き受ける個人が、好きでやっているのか嫌いでやっているかによって決まるのである」。嫌でやっているならレーバーであり、面白くてやっているのであればワークになる、と言うのです。

The difference「その違い」つまり「レーバーとワークの違い」。定冠詞の the を見落とさぬこと。

coincide with ～「～と一致する、～と重なり合う」。

the difference between a manual (job) **and a mental job**「肉体的な仕事と知的な仕事の違い」。

a gardener or a shoemaker may be a worker, (and) **a bank clerk** (may be) **a laborer.**「植木屋、あるいは靴作りの職人がワーカーでありうるし、銀行員がレーバラーであることもある」。

丈夫で履きよい、姿の美しい靴を作ることに、喜びと生き甲斐を覚えている職人、造園の仕事に誇りと喜びを覚えている植木屋、はげしい肉体労働をする大工、鍛冶屋であろうと、その仕事に喜びを覚えている人は立派なワーカーであり、ホワイト・ハンドの銀行員、また教師や牧師であろうと、その仕事に苦痛と不快を覚えているのであればレーバラーにほかならないと言うのです。

❷ **Which a man is can be seen from his attitude toward leisure.**「ある人間がどちらであるかは［ワーカーかレーバラーかは］その人のレジャーに対する態度から見分けることができる」。この see は「知る、見分ける、判別する」。

the hours (that) **he needs to relax and rest in order to work efficiently.** to relax and rest は the hours にかかる形容詞句、in order to work efficiently は needs にかかる副詞句、「効果的にワークするために彼が必要とする、くつろいで休息する時間」。

He is therefore more likely to take too little leisure than (to take) **too much**(leisure); be likely to ～「～しそうである、たぶん～するだろう」。「それゆえに、ワーカーは、レジャー時間の取り方が多すぎることになるより、少なすぎることになりがちである」。

ワーカーにとってはワークそのものが喜びであり生き甲斐であり、プレーになっているのですから、レジャーの持つ意味は、明日の楽しいワークのためにどうしても取らねばならぬ休息とくつろぎの時間の意味しかないのです。ワーカーはレジャーに依存することはない、彼が依存するのはワークであるからです。

he dies of a heart attack and forgets his wife's birthday「ワーカーは心臓麻痺で死んだり、自分の妻の誕生日を忘れたりする」。

筆者はここで一度だけジョークを飛ばしているのですが、皆さんに通じたでしょうか。ワーカーは仕事が面白くて、ついやり過ぎることが重なり、疲労が蓄積していることを知らず、突然心臓の発作で死んだり、ワークに夢中になって奥様の誕生日を忘れ、離婚訴訟になって多額の慰謝料をふんだくられる憂き目にも会う、と笑っているのですが、これでアメリカ人の文章であり、アメリカ社会の話であることもわかりますね。

To a laborer, on the other hand, leisure means freedom from compulsion「また一方、（これとは逆に）レーバラーにとっては、レジャーとは、強制（された嫌な仕事）からの解放を意味しています」。

so that it is natural for him to imagine that the fewer hours he has to spend laboring, and the more hours he is free to play, the better (it is).　so that＝consequently「それゆえに、従って」。it is natural for him to imagine that . . . は it . . . for 〜 to . . . の文構造。「彼が［レーバラーが］that 以下のように考えるのは当然のことである」。

imagine の目的語、that 以下の名詞節は、この名詞節を構成する前文 2 つの文頭の the＋比較級の形容詞と、それを受ける後文の文頭の the＋比較級の形容詞とが、「. . . であればあるほど . . . いよいよ . . . となる」と係り結びを作っています。前文は 2 つ、受ける後文は 1 つであることに注意。**the fewer hours he has to spend laboring,** he が主語で、the fewer hours は has の目的語、to spend laboring は、hours にかかる形容詞句です。「レーバーをして過す時間数が少くなればなるほど」。

and the more hours he is free to play, the more hours は play にかかる副詞句です。「そして解放されて遊べる時間数が多くなればなるほど」。そしてこの 2 つを受ける後の文は the better (it is)（いよいよ結構である）。この省略されている it は漠然と状況や事情などを示す it です。

レーバラーにとっては、嫌なレーバーから解放されて自由に遊べるレジャーの時間こそ生き甲斐となり喜びとなる、従ってレジャーが多くなればますます結構となる、つまりレジャーに依存し、これを楽しみに生きているのがレーバラーの特徴と言えるのです。

❸ **What percentage of the population in a modern technological society are, like myself, in the fortunate position of being workers?** what percentage「何パーセントの人々」が、この sentence の主語。「科学技術を土台とする現代社会の総人口の中の何パーセントの人々が、私自身のごとく、ワーカーであるという幸福な境遇にいるのであろうか」。筆者は、ここで自らをワーカーであると告げ、暗黙に人間は、ワーカーでなければ幸福にはなれぬと告げてもいるのです。

I would say, at a guess, (that they would be) **sixteen per cent,**　at a guess「推定で（申し上げるが）」。「推定であるが、その数字は 16 パーセントと言っておこう」。

I do not think (that) **that figure is likely to get bigger in the future.**「(16 パーセントという)その数字が、将来もっと大きくなる可能性は

ないと私は考えている」。

　さて work と labor という言葉を定義し終わり、両者の本質的な違いを明らかにした筆者は、§3のあたりから現代社会の現況が、賃金奴隷社会になっていることを指摘し、次いで未来の社会を予見しつつ、そこに生ずるであろう問題点を論じ警告してこの一文を結んでいます。

［全訳Ⅱ］

　ある仕事をレーバーと分類すべきか、あるいはワークと分類すべきかは、その仕事そのものの性質によって決まるのではなく、その仕事を引き受ける個人が、好きでやっているのか嫌でやっているかによって決まるのである。たとえば、レーバーとワークの違いは、肉体的な仕事と頭脳的知的な仕事との違いと重なり合ってはいないのである。植木屋や靴作りの職人がワーカーであり、（ホワイト・ハンドの）銀行員がレーバラーであることもあろう。ある人間がどちらであるかは、その人間がレジャーに対してどういう態度を取っているかによって見分けることができる。ワーカーにとっては、レジャーとは、単に効果的にワークするために彼が必要とする、くつろいで休息する時間のことを意味している。それゆえに、ワーカーはレジャーの時間を多く取りすぎることになるよりも、取り方が少なすぎることになりがちである。ワーカーは心臓麻痺で死んだり、奥様の誕生日を忘れたりするのである。レーバラーにとっては、ワーカーとは逆に、レジャーとは、（不愉快な）強制からの解放を意味している、それゆえに、レーバラーが、レーバーして過ごす時間数が少なくなればなるほど、解放されて遊ぶ時間が多くなればなるほど、いよいよありがたいと考えるのは当然のことである。

　科学技術を土台とする現代社会の総人口の中の何パーセントの人々が、私自身のごとく、ワーカーであるという幸福な境遇にいるのであろうか。これは推定であるが、16パーセントと申しておきたい、そしてこの数字が、将来もっと大きな数字になる可能性はないと私は考えている。

III

① Technology and the division of labor have done two things: by eliminating in many fields the need for special strength or skill, they have made a very large number of paid occupations which formerly were enjoyable work into boring labor, and by increasing productivity they have reduced the number of necessary laboring hours. ② It is already possible to imagine a society in which the majority of the population, that is to say, its laborers, will have almost as much leisure as in earlier times was enjoyed by the aristocracy. When one recalls how aristocracies in the past actually behaved, the prospect is not cheerful. Indeed, the problem of dealing with boredom may be even more difficult for such a future mass society than it was for aristocracies. The latter, for example, knew how to use their time ceremoniously; there was a season to shoot winged game, a season to spend in town, etc. ③ The masses are more likely to replace an unchanging mode of life by fashion which it will be in the economic interest of certain people to change as often as possible. Again, the masses cannot go in for hunting, for very soon there would be no animals left to hunt. For other aristocratic amusements like gambling, dueling, and warfare, it may be only too easy to find equivalents in dangerous driving, drugtaking, and sense-less acts of violence. ④ Workers seldom commit acts of violence, because they can put their aggression into their work, be it physical like the work of a smith, or mental like the work of a scientist or an artist. The role of aggression in mental work is aptly expressed by the phrase "getting one's teeth into a problem."

❶ **Technology and the division of labor have done two things :**「科学技術と分業という生産方式は2つの仕事をなしとげてしまった」。

その2つのうちの1つは、**by eliminating in many fields the need for special strength or skill, they have made a very large number of paid occupations which formerly were enjoyable work into boring labor,**

eliminate(除去する)の目的語は、the need for special strength or skill「特殊な技能(たとえば様々な職人などの)の必要性」。

they は科学技術と分業の両者を受けています。make A into B「A を B にする、A を B に変える」。A は a very large number of paid occupations which formerly were enjoyable work(金を払ってもらえる職業で、以前は楽しいワークであった非常に多くの職業)で、B は boring labor(退屈極まるレーバー)です。

試訳「多くの分野において、特殊な専門的技能の必要性を除去することによって、科学技術と分業という生産方式は、金を払ってもらえる職業で、以前は楽しいワークであった非常に数多くの職業を退屈極まるレーバーに変じてしまった」。

そして第2は、**and by increasing productivity they have reduced the number of necessary laboring hours.**

productivity「生産性、生産力」。試訳「生産性を高めることによって、この両者は、必要なレーバーの時間数を減少させてしまった」。

今日地球を支配している西欧の科学文明、特に産業革命以降のヨーロッパ文明のもたらした功罪を要約する見事な指摘だと思います。人間のあらゆる生産過程に機械力を導入し、分業という生産方式を採択することによって、18世紀に始まった産業革命は驚異的な成功を収め、天井知らずの発展を続けて、今日も、いや今後も、世界はこのヨーロッパ文明の傘の下にあると言ってよいでしょう。あらゆる物資、商品の大量生産を、その品質面の向上進歩を可能にしたことによって、人類は生活面の利便と快適さの面においては、空前の幸福を享

受しており、また人間の労働を機械力が代行する結果のひとつとして、将来は週休3日、4日も夢ではないほど、レジャーの時間にめぐまれるようになりましたけれども、同時に失ったものの大きさ、深刻さを、この筆者は指摘しているのです。科学文明、機械文明と分業という生産方式が「かつて楽しいワークであった多くの職業を、退屈極まりないレーバーに変えてしまい」賃金奴隷社会と呼ぶべき社会を出現させてしまったことを指摘しているのです。筆者の予見する近未来社会は、次のような社会なのです。

❷ **It is already possible to imagine a society in which the majority of the population, that is to say, its laborers, will have almost as much leisure as in earlier times was enjoyed by the aristocracy.** It ...to ～ の文構造です。

that is to say は「すなわち」。the majority と its laborers は同格関係にあり、in which 以下の形容詞節の主語。as much ...as の後の as は、関係代名詞的にも機能しており、先行詞は leisure で was enjoyed の主語の役割を果しています。

試訳「ある社会の人口の大多数、すなわちその社会のレーバラーたちが、もっと前の時代に貴族たちが享受していたレジャー時間と、ほぼ同じくらいのレジャー時間を持つようになる、そういう社会を想像することは、すでに可能なのである」。

筆者が予想する近未来社会は、その社会の勤労者のほとんどすべてが laborers である賃金奴隷社会であり、その laborers が、昔の貴族と同じくらいのレジャー時間を持つことになる社会です。

When one recalls how aristocracies in the past actually behaved, the prospect is not cheerful. 「昔の貴族たちが、どのような生活をしていたかを思い出してみる時、その未来社会の展望は、明るいものではないのである」。behave は「行動する」ですが、ここでは「生活する」ぐらいに処理しましょう。

Indeed, the problem of dealing with boredom may be even more difficult for such a future mass society than it was (difficult) **for aristocracies.** boredom は、ありあまるレジャー時間から生まれる「倦怠」。「実際、倦怠を処理するという難しい問題は、未来の大衆社会にとっては、かつて貴族たちにとって難しかった程度よりも、さらに難しいものとなるであろ

う」。

The latter, for example, knew how to use their time ceremoniously; there was a season to shoot winged game, a season to spend in town, etc.　the latter「後者」すなわち「昔の貴族たち」。ceremoniously「儀式的に」→「年中行事によって」。

　儀式は年中行事として行われることが多いですね。貴族はありあまるレジャー時間を、年中行事によって消化し倦怠を処理していたと言うのです。その年中行事の例として、猟鳥を射つ季節があり、あの the London season のような社交パーティの季節を挙げていますが、さらにあの狐狩りの季節などを挙げてもよいでしょう。「たとえば、後者[昔の貴族たち]は自分の余暇を、年中行事によって消費する方法を心得ていた、winged game（猟鳥）を射つ季節があり、都会で過ごす季節、その他様々な年中行事があったのだ」。年中行事であった多くのパーティと狩猟は貴族がレジャーを消化し倦怠から逃れるために欠かせぬ手段でした。

　❸ **The masses are more likely to replace an unchanging mode of life by fashion which it will be in the economic interest of certain people to change as often as possible.**　The masses「未来の大衆、レーバラーたち」。replace A by B「A を B と取り替える、A に替えるに B をもってする」。an unchanging mode of life「一定不変の生活形式」。ここでは貴族たちが年中行事によって、時には数百年にわたって変わらない年中行事によって、レジャー時間を消費してきた先述の生活様式のことを指しています。fashion「流行（の後を追いかけること）」。目的格関係代名詞 which の先行詞は fashion で、to change の目的語になっており、この to change は名詞句、形式主語 it の内容を示しています。かなり複雑な文構造です。

　be in[to] the economic interest of certain people　この in は結果を示す前置詞ですが、to になっている場合のほうが多いようです。「ある人々の経済的な利益を産むことになる」。as often as possible「できるだけ頻繁に」。ここまでの試訳、「未来の大衆は、（貴族たちの）一定不変の生活方式にとって替えるに、流行（の後を追うこと）をもってすることになる可能性が大であって、この流行をできるだけ頻繁に変えることが、ある種の人々の経済的な利益を産むことになるであろう」。

　未来の大衆は、いろいろな流行の後をひたすら追うことによって、ありあま

188

るレジャーを消費するよりほかはなく、この流行をたえず変えることによって
大もうけをする連中が出てくるだろうと、筆者は各種レジャー産業の勃興と今
日の繁昌を予見しているのです。

**Again, the masses cannot go in for hunting, for very soon there
would be no animals left to hunt.** go in for＝addict oneself to「熱中
する」。there would be no animals left to hunt＝no animals would be
left to hunt「さらに、未来の大衆は、狩猟に熱中することはできない、なぜな
ら狩猟の対象である動物が極めて近いうちに、地上から姿を消してしまうであ
ろうからだ」。

**For other aristocratic amusements like gambling, dueling, and
warfare, it may be only too easy to find equivalents in dangerous
driving, drugtaking, and senseless acts of violence.** 文頭の For 以下
warfare、までは後出の equivalents にかかっています。equivalents for
〜「〜に対する等価物、〜に相当するもの」。it がこの sentence の主語で to 以
下がその内容です。only too＝but too、all too（残念ながら...）

「狩猟以外の他の貴族のいくつかの娯楽、たとえば、とばく、決闘、戦争な
どにちょうど相当する娯楽を、危険な車の暴走に、麻薬の常用に、無意味な暴
力行為に（未来の大衆が）見出すことは、残念ながら、日常茶飯事となるかもし
れない」。中世以降の貴族のあり余る余暇から生ずる倦怠を吹き払ってくれるも
のとして、とばく、決闘、戦争は、危険なものであるがゆえにスリルに満ちた
娯楽の要素を持つものでした。ホイジンガーの名著「中世の秋」などを参照。こ
ういう危険な娯楽に相当する娯楽を、将来の大衆（レーバラー）が、車の暴走や麻薬の摂取、無
意味な暴力行為に見出すことになるだろうと言うのですが、暴走族などは、学
生の中のレーバラーたちの悪しきレジャーの消費の仕方にほかなりません。

❹ **Workers seldom commit acts of violence, because they can put
their aggression into their work** の aggression「攻撃性、攻撃本能[衝
動]」。筆者はこの本能が人間には内在していると考えているようです。「ワーカ
ーたちは滅多に暴力行為を犯すことはない、ワーカーはおのれの攻撃本能を、お
のれのワークの中に投入することができるからである」。

**be it physical like the work of a smith, or mental like the work of
a scientist or an artist** 倒置形にして接続詞 if[whether]を省略している副
詞節、if it be[is] physical . . . or (it is) mental . . . を簡略化した形です。

「それが鍛冶屋(かじ)のような肉体的なワークであろうと、あるいは科学者や芸術家の
ワークのような知的なワークであろうと」。be は仮定法現在の be です。

　そして芸術家や科学者のワークに、なぜ攻撃本能が参与していると言うのか
と疑問を抱く読者を予想し、筆者は次のように付言してこの一文を閉じていま
す。

**The role of aggression in mental work is aptly expressed by the
phrase "getting one's teeth into a problem."**　aptly「適切に、見事に」。
get one's teeth into . . .「. . . に没頭する、. . . に真剣に取り組む」。猛獣な
どが獲物に牙を立てる、ガッと咬みつくの原意から出て、日本語の「真向うか
ら取っ組む」に当たります。「知的なワークの中で攻撃[闘争]本能が果している
役割は、『難問題に真向うから取っ組んでいる』という成句によって、いみじく
も表現されているのである」。

　この成句が生まれたことの中に、科学者や芸術家のワークの中でもはげしい
aggression が投入され使い尽くされている状態がよく示されているではない
か、と言うのです。そしてだからこそ、ワーカーはレジャー時間には、ただく
つろぎ、休息して鋭気を養うのみ、決して暴力行為を起こすことはない、未来
社会の重大な社会問題は、自分のレーバーに慢性的な不快と苦痛を感じている
レーバラーたちの欲求不満がレジャーの時に暴発することから生まれてくるの
ではないか、と筆者は警告しているのです。この人は、人間はレーバラーにな
ってはいけない、ワーカーでなければならぬと言外に述べています。

　ワーカーであることが、現代の賃金奴隷社会の中ではどんなに困難なことで
あろうとも、ワーカーでなければ、本当に人間らしい人間にはなれまい、そし
てワーカーになるためには、青春期において、自分は何を本当にやりたいのか
を、それをやるためなら、他の多くの可能性を捨てても悔いないほどの喜びと
生き甲斐を感ずる対象を発見することが第一に大切であり、無二の肝要事であ
り、それを見つけ出すためにこそ青春期はあるのだと私も考えています。これ
を見つけ出した時に、青年期において最も大切な仕事「立志」が成ったのであ
り、「自己発見」とは、この愛する仕事、生き甲斐となる仕事の発見にほかなら
ないのかもしれません。

［全訳Ⅲ］

　科学技術（テクノロジィ）と分業という生産方式は、2つの仕事をなしとげてしまった、多くの分野において、この両者は、特殊な専門技能に対する必要性を除去することにより、金を払ってもらえる職業で、以前は楽しいワークであった非常に数多くの職業を、退屈極まるレーバーに変じてしまったのである。次に生産性を高めることによって、この両者は、必要なレーバーの時間数を減少させてしまったのである。社会の総人口の大多数、すなわちその社会のレーバラーたちが、あまり遠くない昔に、貴族たちが享受していたレジャーとほぼ同じくらいのレジャーを持つことになる、そういう未来社会を考えることは既に可能なのである。昔の貴族たちがどんな暮らしをしていたかを思い出してみる時、将来の展望は明るいものではない。実際、倦怠の苦しみをどう処理するかという難問題は、未来の大衆社会にとっては、昔の貴族たちの場合よりもさらに難しいことになるかもしれない。たとえば、後者［昔の貴族たち］は、手持ちの余暇を、年中行事によって消化する方法を心得ていた、たとえば猟鳥を射って過ごす季節（シーズン）があり、都会で過ごす社交季節（シーズン）が、その他様々な年中行事があったのである。未来の大衆は、こういう一定不変の生活方式にとって替えるに、流行（ファッション）の後を追うことをもってすることになる可能性が大であって、この流行をできるだけ頻繁に変えることによって大もうけをする連中も出てくるであろう。さらに、未来の大衆は、狩猟に熱を上げることもできない、なぜなら、ごく近いうちに、狩猟の的である動物が残存しないことになるだろうから。狩猟以外の他の貴族の娯楽、たとえば、とばく、決闘、戦争に相当する娯楽を（未来の大衆が）危険な車の暴走に、麻薬の常用に、無意味な暴力行為に見出すことは、残念ながら、日常茶飯事となるであろう。ワーカーたちは滅多に暴力行為を犯すことはない、なぜならば、ワーカーたちは、自分の内にある攻撃［闘争］本能を、自分のワークの中に、それが鍛冶屋のワークのような肉体的なものであろうと、科学者や芸術家のワークのような知的なものであろうと、投入することができるからである。知的なワークの中で攻撃本能が果たしている役割は、成句「難問題に真向うから取っ組んでいる」によって、いみじくも表現されているのである。

●著者紹介／奥井　潔（おくい・きよし）

1924年台湾生まれ。'52年東京大学文学部英文科を卒業後、'54年から駿台予備学校で講師として活躍。熱意のこもった授業で多くの学生を合格に導き、受験の神様と呼ばれるが、受験テクニックだけでなく、講義にその人間性を感じさせることが、人気の秘密。東洋大で、永年にわたって教鞭を振るい、東京大、法政大、埼玉大、東京女子大などの講師も歴任。現在、東洋大学名誉教授。著書に、『奥井の英文読解 ３つの物語──分析と鑑賞』（駿台文庫）、『イギリス文学のわが師わが友』『エトルリアの故地』（ともに南雲堂）などがある。

KENKYUSHA

〈検印省略〉

〈新装版〉
英文読解のナビゲーター
Copyright © Okui Kiyoshi 2021

1997 年 6 月 1 日　初版発行
2021 年 5 月 28 日　新装版発行　　2021 年 9 月 17 日　3 刷発行

著　　者　　奥　井　　　潔
発　行　者　　吉　田　尚　志
印　刷　所　　研究社印刷株式会社
整　版　所　　株　式　会　社　十　歩

発　行　所　　株式会社 研究社
https://www.kenkyusha.co.jp/

〒102-8152 東京都千代田区富士見 2-11-3
電話 編集 03-3288-7711（代）
　　　営業 03-3288-7777（代）
振替 00150-9-26710

ISBN 978-4-327-76493-7　C 7082　　Printed in Japan

ブックデザイン／中田素子　本文レイアウト／㈱十歩
編集協力／鈴木亜子　本文イラスト／金野伸久

研究社ナビゲーター・シリーズ

〈新装版〉
英文読解のナビゲーター〈別冊〉収録英文集

◆◆ 目　次 ◆◆

1 青年に対する忠告2つ

■ 1 読書の勧め

①First of all read for variety so that you will see what great possibilities await you in the world of books. ②Keep your curiosity alive ③and don't allow it to be dulled by the stupid people around you who don't seem to want to know anything about anything. ④Find things out for yourself instead of having a parent or a teacher tell you. ⑤Enjoy the satisfaction of learning, of feeling that you know something at last. ⑥Intensify your own experiences through fiction so that you can get out of yourself and discover that you are not just one person but a multitude. ⑦Feed your imagination.

■ 2 自分の面倒は自分でみる

① The first great lesson a young man should learn is that he knows nothing, and that he is of but very little value. ② The next thing for him to learn is that the world cares nothing for him, and that no man ever truly admires and esteems him,— that, in short, he must take care of himself. ③ He will not be noticed until he becomes noticeable, and he will not become noticeable until he does something to prove that he has a value in society. ④ And the earlier and more thoroughly this lesson is learned, the better it will be for his peace of mind and success in life.

2 少年時代の思い出

1 貧もまたよきかな

① If our family was poor, of what did our poverty consist? ② If our clothes were torn the torn places only let in the sun and wind. In the winter we had no overcoat, but that only meant we ran rather than loitered. ③ Those who are to follow the arts should have a training in what is called poverty. ④ Given a comfortable middle-class start in life, the artist is almost sure to end up by becoming a bellyacher, constantly complaining because the public does not rush forward at once to proclaim him.

2 母の思い出

① In the memories which I retain of my early childhood my father appears clearly as the central figure around whom our family life revolved, whereas my mother's image is far less distinct. ② In fact the clearest recollection I have of her from that period, is of a quiet person who moved around slowly in the kitchen as she prepared our meals, ③ and who was always present in time of crisis—such as waiting on my father during his periodical attacks of gout and tending my

5

frequent cuts and bruises with calm efficiency. ④ Complete calmness and apparent lack of emotion under any circumstances, in spite of almost constant physical discomfort, remained with her throughout her life. This resolute placidity was almost frightening at times.

■ 3 父の思い出

① I recollect the indignation of my father at my using the common expression that something was true in theory but required correction in practice; ② and how, after making me vainly strive to define the word theory, he explained its meaning, and showed the fallacy of the vulgar form of speech which I had used; ③ leaving me fully persuaded that in being unable to give a correct definition of theory, and in speaking of it as something which might be at variance with practice, I had shown unparalleled ignorance. ④ In this he seems, and perhaps was, very unreasonable; but I think, only in being angry at my failure. ⑤ A pupil from whom nothing is ever demanded which he cannot do, never does all he can.

3 友情について

① There are men who cannot be friends except when they are under an illusion that their friends are perfect, and when the illusion passes there is an end of their friendship. ② But true friendship has no illusions, for it reaches to that part of a man's nature that is beyond his imperfections, and in doing so it takes all of them for granted. ③ If you insist upon the virtues of your friend, you expect him to insist upon your virtues, and there is a competition between you and your friend which makes friendship a burden rather than a rest. ④ Indeed, it is the test of friendship and the delight of it, that because we are no longer afraid of being thought worse than we are we do not try to seem better.

7

4 世代間の断絶について ===

■ 1 断絶への橋わたし ━━━━━━━━━━

①I imagine that there are in the audience a considerable number of parents who feel they are receiving more than their just share of blame today. ②I have spoken first to my own generation because we are supposed to be wise, or at least experienced. We are supposed to have learned something by now. ③And I think that if we are going to pass along what we have learned it had better be through action rather than instruction. ④I hope that what I have been saying today does not depend on youth or age, but rather on our being human. ⑤So let us expect the best, and think the best of humans, of one another, ⑥and if we can, I think we will have gone a long step toward bridging the human gap between generations.

■ 2 親の権威の失墜をめぐって ━━━━━━━━

① If the authority of parents has been weakened, it is largely because parents find it increasingly difficult to make up their own minds what is right and what is wrong, and what standards to expect of their children. ② Children need security as well as freedom, especially the security of parents with definite and coherent beliefs. ③ Children will not necessarily adopt their parents' beliefs; during adolescence they will almost certainly react against them. But they need something definite even to react against. ④ In any case, they stand to gain immediately by growing up with parents who have firm beliefs (whatever those beliefs may be), and whose lives and characters are strengthened by those beliefs. ⑤ A son may disagree with his father in almost everything, and yet be deeply grateful to him for being a man of positive opinions and steadfast purpose. If parents do not know their own minds, it is not surprising if children drift. ⑥ It is worth observing that, broadly speaking, neurosis is more likely to result from too little authority than from too much.

5 愛国心と政治家 ==========

■ 1 愛国心について ━━━━━━━━

① Patriotism, however much it may be debased, is still patriotism; and ② although it might be exaggeration to contend that the more debased patriotism becomes, the more patriotic it is reputed to be, ③ it is on the other hand certainly true that a pure and rational patriotism is generally condemned as a kind of treason. ④ As usual, irreconcilable meanings lurk behind the convenient word. ⑤ Many of the feelings sanctified by it are wholly brutish, and one can think of many modern instances of Dr. Johnson's famous saying that patriotism is the last refuge of a scoundrel. ⑥ But apart from those contemptible hypocrisies there is plenty of sincere and honest patriotism which, though turned to base uses, is potentially an inexhaustible source of strength to the general good of the country and the world.

■ 2 政治家という職業 ━━━━━━━━━━━━━

① It is this uncertainty, with its various consequences, that makes politics the most hazardous of all manly professions. ② If there is not another in which a man can do so much good to his fellow-creatures, neither is there any in which, by a cowardly act or by a mere loss of nerve, he may do such widespread harm. ③ Nor is there another in which he may so easily lose his own soul. ④ But danger is the inseparable companion of honour. The greatest deeds in history were not done by people who thought of safety first. ⑤ It is possible to be too much concerned even with one's own salvation. There will not be much hope left for humanity when men are no longer willing to risk their immortal as well as their mortal parts. ⑥ With all the temptation, dangers and degradations that beset it politics is still, I think, the noblest career that any man can choose.

6 科学上の難問題について

1 科学上の「難問」

① The world is full of unsolved problems—which give it part of its charm and interest, and there is no prospect of the supply running short. ② Some of these unsolved problems are scientific, and he is rash indeed who will call any of them insoluble. ③ Many of the insoluble problems of our forefathers have their solutions stated in our textbooks, and Science is still very young. ④ Moreover, some of the very difficult unsolved problems are already being nibbled at by scientific methods, which in itself is hopeful.

①I noticed that spiders were generally most intelligent in escaping, and did not, like cockroaches and other insects, take shelter in the first hiding place they found, only to be driven out again, or perhaps caught by the advancing army of ants. ②I have often seen large spiders making off many yards in advance and apparently determined to put a good distance between themselves and the foe. ③I once saw one of the false spiders standing in the midst of an army of ants, and with the greatest circumspection and coolness, lifting, one after another, its long legs, which supported its body above their reach. ④Sometimes as many as five out of its eight legs would be lifted at once, and whenever an ant approached one of those on which it stood, there was always a clear space within reach to put down another so as to hold up the threatened one out of danger.

7 話す才能と書く才能 ━━━━━

1 ━━━━━━━━━━━━━━━━━━━━━

① It is a common observation, that few persons can be found who speak and write equally well. Not only is it obvious that the two faculties do not always go together in the same proportions: but they are not unusually in direct opposition to each other. ② We find that the greatest authors often make the worst company in the world; and again, some of the liveliest fellows imaginable in conversation seem to lose all their vivacity and spirit the moment they set pen to paper.

2

① It seemed to me to be impossible that I should ever become a good speaker. I had no special gifts that way, and had not studied the art early enough in life to overcome natural difficulties. ② I had found that, with infinite labor, I could learn a few sentences by heart, and deliver them, monotonously indeed, but clearly. Or, again, if there were something special to be said, I could say it in an ordinary fashion, —but always as though I were in a hurry, and with the fear of being thought to be wearisome. ③ But I had no power of combining, as a public speaker should always do, that which I had studied with that which occurred to me at the moment.

8 英詩2題(文学鑑賞)

1 Song　Christina Rossetti

① When I am dead, my dearest,
　　Sing no sad songs for me;
　Plant thou no roses at my head,
　　Nor shady cypress tree:
　Be the green grass above me
　　With showers and dewdrops wet:
　And if thou wilt, remember,
　　And if thou wilt, forget.

② I shall not see the shadows,
　　I shall not feel the rain;
　I shall not hear the nightingale
　　Sing on as if in pain:
　And dreaming through the twilight
　　That doth not rise nor set,
　Haply I may remember,
　　And haply may forget.

2 The Little Boy Lost   William Blake ━━━━━

① "Father! father! where are you going?
O do not walk so fast.
Speak, father, speak to your little boy,
Or else I shall be lost."

② The night was dark, no father was there;
The child was wet with dew;
The mire was deep, and the child did weep,
And away the vapour flew.

■ 3 自己に対する正直さ ━━━━━

① The most important thing for you to do as a student of literature is to advise yourself to be an honest student, for in the intellectual sphere at any rate honesty is definitely the best policy. ② If you prefer the poetry of a third-rate poet to that of Shakespeare it is a most regrettable thing, but not so regrettable as your doing so and saying you do just the opposite. ③ If you are not honest with the doctor when you are ill, it may be that instead of curing you he will make you worse. ④ In the same way it is of no use pretending a change in your literary taste is taking place. ⑤ The proper way of going to work is that you should be led on from where you now are to a more advanced position, that you should be shown what is wrong in what you like and how what you do not like may be better. ⑥ You will then turn from the former to the latter not only because you think you ought to, but also because you want to. In a word, your conversion will be real.

9 「想像力」とは？

① That word 'imagination' brings me to the chief use of poetry, an even more important one than the recreation of language. ② When we are very young, the world, nature, people are mysterious to us. Give a baby an orange. He stares at it, fingers it, howls for you to pick it up again. To him, it is a beautiful, round, coloured object, with a strange smell, which is heavy to hold and stays on the floor when he drops it, instead of walking away like the cat. ③ A baby uses all his senses to make such discoveries : he is like an explorer in a new world, full of wonder and surprise at the novelty of everything. ④ In a way, a poet is a man who never grows out of that sense of wonder. ⑤ It keeps his imagination constantly on the stretch and quivering at the mysteriousness and beauty of the world; ⑥ and thus his poetry helps us to understand the world by sharpening our own senses, by making us more sensitive to life.

10 「独創性」とは?

_① I claim no originality for my thoughts, or even for the words I have put them in. _② I am like a tramp who has rigged himself up as best he could with a pair of trousers from a charitable farmer's wife, a coat off a scarecrow, odd boots out of a dustbin, and a hat that he has found in the road. _③ They are just shreds and patches, but he has fitted himself into them pretty comfortably and, uncomely as they may be, he finds that they suit him well enough. _④ When he passes a gentleman in a smart blue suit, a new hat and a well-polished shoes, he thinks he looks very grand, but he is not so sure that in that neat and respectable attire he would be nearly so much at his ease as in his own rags and tatters.

11   文化の存続の条件

① As individuals, we find that our development depends upon the people whom we meet in the course of our lives. (These people include the authors whose books we read, and characters in works of fiction and history.)   ② The benefit of these meetings is due as much to the differences as to the resemblances; to the conflict, as well as to the sympathy, between persons.   ③ Fortunate the man who, at the right moment, meets the right friend; fortunate also the man who at the right moment meets the right enemy.   ④ I do not approve the extermination of the enemy: the policy of exterminating or, as is barbarously said, liquidating enemies, is one of the most alarming developments of modern war and peace, from the point of view of those who desire the survival of culture.   ⑤ One needs the enemy. So, within limits, the friction, not only between individuals but between groups, seems to me quite necessary for civilization.

12 快楽について

①I think it can be proved very fairly that pleasure is the end which men set to their endeavours. ②The word, in puritanical ears, has an unpleasant sound, and many have preferred to talk of happiness : ③but happiness can only be defined as a continued state of pleasure, and if one deserves blame so does the other : you cannot reasonably call a straight line good if the points that compose it are evil. ④Of course pleasure need not consist exclusively of sensual gratifications, though it is significant of human feeling that it is those especially to which the mind, in using the word, seems to refer. ⑤To the average man the aesthetic pleasures, the pleasures of effort, the pleasures of the imagination are so pale in comparison with the vivid delights of sense that they do not enter his mind when he hears the word.

13 記憶力について ━━━━━━

① Memory-training courses are much in vogue nowadays, and it seems to be taken for granted that the more things we remember the happier we are. ② The pleasure of memory must certainly be rated high, but I am sure forgetfulness also plays a part in making human beings happy. ③ Some of the unhappiest people in the world are those who cannot forget injuries inflicted on them in the past. ④ Others are equally miserable because they cannot forget wrongs they have done others. ⑤ Human beings are so constituted, indeed, that they forget the things they would like to remember, and remember the things they would prefer to forget. ⑥ The memory should be trained, I think, to overcome both those weaknesses.

14 「顔」についての考察

① Most of us think a good deal about faces: about our own with vanity, resignation, anxiety and the unease brought on by self-consciousness, about other people's with love or hatred, admiration or envy, distaste, amusement, ridicule, indifference. ② We also think about other people's faces speculatively, wondering how much we understand of what we see and if we understand rightly. ③ One's own face, however, is too much part of one's being, too closely identified with the emotions of one's private life, for any objective judgement to be made on it. ④ There seems to be a barrier within the mind which makes it impossible for one to look at a portrait or a photograph of oneself, still less a reflected image in a mirror, dispassionately.

15 十人十色(といろ)

① Of the fact that it takes all sorts to make a world I have been aware ever since I could read. ② But proverbs are always commonplaces until you have personally experienced the truth of them. ③ The newly arrested thief knows that honesty is the best policy with an intensity of conviction which the rest of us can never experience. ④ And to realize that it takes all sorts to make a world one must have seen a certain number of the sorts with one's own eyes. ⑤ Having seen them and having in this way acquired an intimate realization of the truth of the proverb, one finds it hard to go on complacently believing that one's own opinion, one's own way of life are alone rational and right. ⑥ This conviction of man's diversity must find its moral expression in the practice of the completest possible tolerance.

16 競争について

①I do not think that ordinary human beings can be happy without competition, for competition has been, ever since the origin of Man, the spur to most serious activities. ②We should not, therefore, attempt to abolish competition, but only to see to it that it takes forms which are not too injurious. ③Primitive competition was a conflict as to which should murder the other man and his wife and children; modern competition in the shape of war still takes this form. ④But in sport, in literary and artistic rivalry, and in constitutional politics it takes forms which do very little harm and yet offer a fairly adequate outlet for our combative instincts. ⑤What is wrong in this respect is not that such forms of competition are bad but that they form too small a part of the lives of ordinary men and women.

17　義務的な仕事

① Most of the work that most people have to do is not in itself interesting, but even such work has certain great advantages. To begin with, it fills a good many hours of the day without the need of deciding what one shall do. ② Most people, when they are left free to fill their own time according to their own choice, are at a loss to think of anything sufficiently pleasant to be worth doing. ③ And whatever they decide on, they are troubled by the feeling that something else would have been pleasanter. ④ To be able to fill leisure intelligently is the last product of civilization, and at present very few people have reached this level. ⑤ Moreover the exercise of choice is in itself tiresome. Except to people with unusual initiative it is positively agreeable to be told what to do at each hour of the day, provided the orders are not too unpleasant.

① Men are passionate, men are weak, men are stupid, men are pitiful; to bring to bear on them anything so tremendous as the wrath of God seems strangely inept. ② It is not very difficult to forgive other people their sins. When you put yourself into their shoes it is generally easy to see what has caused them to do things they should not have done and excuses can be found for them. ③ There is a natural instinct of anger when some harm is done one that leads one to revengeful action, and it is hard in what concerns oneself to take up an attitude of detachment; ④ but a little reflection enables one to look upon the situation from the outside and with practice it is no more difficult to forgive the harm that is done one than any other. ⑤ It is much harder to forgive people the harm one has done them; that indeed requires a singular power of mind.

19 人の玩具についての断想

① The acquisitive desires of a Victorian child had only a limited scope; toys were simple and comparatively few; there were no bicycles or mechanical models; the average child made his own fun from very cheap materials. ② Shopkeepers did not place their goods unprotected within ridiculously easy reach of young children and, indeed, almost the only shop the child dreamed of entering for his own purposes was the sweetshop. ③ Nowadays a bewildering variety of toys, periodicals and entertainments in a multitude of shops compete for his interest and money; ④ and the boredom of having everything ready-made leads to a constant desire for something new, for what attaches the affection of a human being to a thing is having had some hand in its creation.

20　幸福な人とは？

① Whether we enjoy life more as a result of a false belief in our security or as a result of recognizing the insecurity of life, is a question not easy to decide. ② I am myself of the opinion that the happiest man is the man who is conscious of the fleetingness of the world in which he lives and who measures the values of things by the knowledge of his and our mortality. ③ There are men with whom the thought of mortality has been a disease—men who have all but been conscious of the worms consuming their bodies while they were still alive—and these are not to be envied. ④ But with most men the knowledge that they must ultimately die does not weaken the pleasure in being at present alive. ⑤ To the poet the world appears still more beautiful as he gazes at flowers that are doomed to wither, at springs that come to too speedy an end. The loveliness of May stirs him the more deeply because he knows that it is fading even as he looks at it. ⑥ It is not that the thought of universal mortality gives him pleasure, but that he hugs the pleasure all the more closely because he knows it cannot be his for long.

21 大都会、この逆説的なもの ▬▬

I   ①"It is difficult to speak adequately or justly of London," wrote Henry James, an American novelist, in 1881. "It is not a pleasant place: it is not agreeable, or cheerful, or easy, or exempt from blame. It is only magnificent." ② Were he alive today, he might easily say the same thing about New York or Paris or Tokyo, for the great city is one of the paradoxes of history. In countless different ways, it has almost always been an unpleasant, disagreeable, cheerless, uneasy and blameful place; in the end, it can only be described as magnificent.

II   Ancient Athens, for example, for all its architectural and intellectual glory, was scarcely more than an overgrown slum; the grandeur of Rome was overshadowed by its crime rate and traffic jams. So dirty and unclean was the Paris of Louis XIV that two miles from the city's gates a traveler's nose would tell him that he was drawing near. Scarcely anyone today needs to be told about how awful life is in New York City, which resembles a mismanaged ant heap rather than a community fit for human habitation.

31

III ① Yet despite everything, the truly great city is the stuff of legends and stories and a place with fascination. The worst has been said about great cities, but people still add that they love them. What attracts people to the great cities? What indeed is a great city? It is almost easier to say what is not. ② A city governed by birds might be more comfortable than a city governed by men. But it would not be human, nor would it be great; a city is great only in its human associations, confusing as they may be. ③ The ancient Athenians delighted in the everyday drama of human encounter. For them, the city was the supreme instrument of civilization, the tool that gave men common traditions and goals, even as it encouraged their variety and growth. "The men who live in the city are my teachers," said a Greek philosopher, "and not the trees or the country."

22 小説の一節を読む

I   ① He was fifteen years older than Mary, but she had hardly ever thought about it before. He was her man, and the kind of man she liked. She was rough, and he was gentle, — city-bred, as she always said. They had been shipmates on a rough voyage and had stood by each other in trying times. Life had gone well with them because, at bottom, they had the same ideas about life. They agreed, without discussion, as to what was most important and what was secondary. They didn't often exchange opinions, even in Czech, — it was as if they had thought the same thought together. ② A good deal had to be sacrificed and thrown overboard in a hard life like theirs, and they had never disagreed as to the things that could go. It had been a hard life, and a soft life, too. There wasn't anything brutal in the short, broad-backed man with the three-cornered eyes and the forehead that went on to the top of his skull. He was a city man, a gentleman, and though he had married a rough farm girl, he had never touched her without gentleness.

II   ① They had been at one accord not to hurry through life, not to be always skimping and saving. They saw their neighbors buy more land and feed more stock than they did, without discontent. Once when the creamery agent came to the Rosickys to persuade them to sell him their cream, he told them how much money the Fasslers, their nearest neighbors, had made on their cream last year.

②"Yes," said Mary, "and look at them Fassler children! Pale, pinched little things, they look like skimmed milk. I'd rather put some color into my children's faces than put money into the bank."

The agent shrugged and turned to Anton.

"I guess we'll do like she says," said Rosicky.

23　チャーリー・チャップリン

I　　① Charlie Chaplin will keep you laughing for hours on
end without effort; he has a genius for the comic.　His
fun is simple and sweet and spontaneous.　And yet all the
time you have a feeling that at the back of it all is a profound
melancholy.　② He is a creature of moods and it does not
require his facetious assertion: "Gee, I had such a fit of the
blues last night I didn't hardly know what to do with myself"
to warn you that his humour is lined with sadness.　③ He does
not give you the impression of a happy man.　I have a notion
that he suffers from a nostalgia of the slums.　The celebrity
he enjoys, his wealth, imprison him in a way of life in which
he finds only constraint.　I think he looks back to the free-
dom of his struggling youth, with its poverty and bitter
privation, with a longing which knows it can never be satis-
fied.　④ To him the streets of southern London are the scene
of frolic, gaiety and extravagant adventure.　They have to
him a reality which the well-kept avenues, bordered with
trim houses, in which live the rich, can never possess.

II　　① I can imagine him going into his own house and
wondering what on earth he is doing in this strange

man's dwelling. I suspect the only home he can ever look upon as such is a second-floor back in the Kennington Road. ② One night I walked with him in Los Angeles and presently our steps took us into the poorest quarter of the city. There were sordid tenement houses and the shabby, gaudy shops in which are sold the various goods that the poor buy from day to day. His face lit up and a buoyant tone came into his voice as he exclaimed: "Say, this is the real life, isn't it? All the rest is just sham."

I

① So far as I know, Miss Hannah Arendt was the first person to define the essential difference between work and labor. To be happy, a man must feel, firstly, free and, secondly, important. He cannot be really happy if he is compelled by society to do what he does not enjoy doing, or if what he enjoys doing is ignored by society as of no value or importance. In a society where slavery in the strict sense has been abolished, the sign that what a man does is of social value is that he is paid money to do it, but a laborer today can rightly be called a wage slave. A man is a laborer if the job society offers him is of no interest to himself but he is compelled to take it by the necessity of earning a living and supporting his family.

② The antithesis to labor is play. When we play a game, we enjoy what we are doing, otherwise we should not play it, but it is a purely private activity; society could not care less whether we play it or not.

③ Between labor and play stands work. A man is a worker if he is personally interested in the job which society pays him to do; what from the point of view of society is necessary labor is from his own point of view voluntary play.

II ① Whether a job is to be classified as labor or work depends, not on the job itself, but on the tastes of the individual who undertakes it. The difference does not, for example, coincide with the difference between a manual and a mental job; a gardener or a shoemaker may be a worker, a bank clerk a laborer. ② Which a man is can be seen from his attitude toward leisure. To a worker, leisure means simply the hours he needs to relax and rest in order to work efficiently. He is therefore more likely to take too little leisure than too much; he dies of a heart attack and forgets his wife's birthday. To a laborer, on the other hand, leisure means freedom from compulsion, so that it is natural for him to imagine that the fewer hours he has to spend laboring, and the more hours he is free to play, the better.

③ What percentage of the population in a modern techno-logical society are, like myself, in the fortunate position of being workers? I would say, at a guess, sixteen per cent, and I do not think that figure is likely to get bigger in the future.

III ① Technology and the division of labor have done two things : by eliminating in many fields the need for special strength or skill, they have made a very large number of paid occupations which formerly were enjoyable work into boring labor, and by increasing productivity they have reduced the number of necessary laboring hours. ② It is already possible to imagine a society in which the majority of the population, that is to say, its laborers, will have almost as much leisure as in earlier times was enjoyed by the aristocracy. When one recalls how aristocracies in the past actually behaved, the prospect is not cheerful. Indeed, the problem of dealing with boredom may be even more difficult for such a future mass society than it was for aristocracies. The latter, for example, knew how to use their time ceremoniously; there was a season to shoot winged game, a season to spend in town, etc. ③ The masses are more likely to replace an unchanging mode of life by fashion which it will be in the economic interest of certain people to change as often as possible. Again, the masses cannot go in for hunting, for very soon there would be no animals left to hunt. For other aristocratic amusements like gambling, dueling, and warfare, it may be only too easy to find equivalents in dangerous driving, drugtaking, and senseless acts of violence. ④ Workers seldom commit acts of violence, because they can put their aggression into their work, be it physical like the work of a smith, or mental like the work of a scientist or an artist. The role of aggression in mental work is aptly expressed by the phrase "getting one's teeth into a problem."